重庆文化遗产保护系列丛书

石佛寺遗珍

牛英彬 白九江 李大地 / 著

重庆市文物考古研究院（重庆文化遗产保护中心）
江津区文物管理所（江津区博物馆） / 编

重庆出版集团
重庆出版社

图书在版编目（CIP）数据

石佛寺遗珍 / 牛英彬, 白九江, 李大地著；重庆市文物考古研究院（重庆文化遗产保护中心），江津区文物管理所（江津区博物馆）编. -- 重庆：重庆出版社，2024.9. -- ISBN 978-7-229-19263-1

Ⅰ. K878.05

中国国家版本馆CIP数据核字第2025VD5291号

石佛寺遗珍
SHIFO SI YIZHEN

牛英彬　白九江　李大地　著
重庆市文物考古研究院（重庆文化遗产保护中心）
江津区文物管理所（江津区博物馆）　编

责任编辑：吴　昊
责任校对：刘　艳
装帧设计：刘沂鑫

重庆出版集团
重庆出版社　出版

重庆市南岸区南滨路162号1幢　邮政编码：400061　http://www.cqph.com
重庆诚迈文化传媒有限责任公司制版
重庆市国丰印务有限责任公司印刷
重庆出版集团图书发行有限公司发行
邮购电话：023-61520678
全国新华书店经销

开本：889mm×1194mm　1/16　印张：18.25　字数：262千
2024年9月第1版　2024年9月第1次印刷
ISBN 978-7-229-19263-1
定价：190.00元

如有印装质量问题，请向本集团图书发行有限公司调换：023-61520678

版权所有　侵权必究

本书获得国家社科基金一般项目《重庆江津石佛寺遗址发掘报告整理与研究》(21BKG027)支持

《重庆文化遗产保护系列丛书》编委会

主 任
白九江

副主任
周大庆　方　刚　沈祖全

委　员（以姓氏笔画为序）
于桂兰　叶　琳　刘　华
刘继东　孙　慧　李大地
沈　修　吴　广　范　鹏

经过几代考古学者接续奋斗，川渝地区石窟寺考古在年代、分期、造像题材、碑刻题记等方面取得了丰硕成果，为深入开展石窟寺研究奠定了坚实基础。但是目前仍有诸多需要解决的问题，突出体现在对石窟寺整体布局的认识不清、对相关寺院遗址及窟前建筑的面貌了解不全。而江津石佛寺遗址是近年来川渝地区石窟寺考古的重大发现，是川渝地区经考古发掘揭露出来的最完整的石窟寺遗址，弥补了以往川渝地区石窟寺研究中有窟无寺的缺憾，为弄清石窟寺的整体面貌提供了参考样本。

重庆市文物考古研究院在前人研究的基础上，在江津石佛寺遗址的考古发掘中积极探索石窟寺考古的理念、方法和技术，努力拓展石窟寺考古和保护的内涵，在以下几个方面取得了重要突破。

第一，创新了石窟寺考古的方法。以聚落考古的理念指导石窟寺的调查和发掘。将江津石佛寺遗址视为一个宗教聚落址，开展区域系统调查，弄清楚遗址的环境景观、功能分区、构成要素及周边文化遗存等，对遗址的核心区域进行较全面的揭露，较为完整地揭示了该遗址的整体布局、建筑形态、空间结构等，证实了石窟寺除窟龛、造像等核心要素外，还应当有与其相关联的窟（龛）前建筑、寺院遗迹、僧俗墓葬、碑刻题记、交通路网、寺产僧田等内容，是宗教遗存的集合体，实证了开展石窟聚落形态考古的必要性，为开展川渝地区同类型石窟寺发掘提供了重要参考和启示。

第二，真实、完整地展示了石窟寺的多重价值和多样内涵。江津石佛寺遗址的考古发掘揭露了数座规模宏大的南宋时期殿阁遗迹，其由前殿、后堂、配殿、石窟建筑、转轮藏、爬山廊、祖师塔（殿）等组成，是我国南方地区发现的保存最完整的宋代寺院遗址之一；认识了其独具特色的山地建筑规划设计思想及营造技术，用地形高差布局建筑，巧借天然巨石，与寺院建筑规制相融合，创造出了一种独特的建筑形制；其僧俗墓葬的发现，为我们展示了僧人的丧葬习俗和埋葬形式，以及居士、信众与寺院在生前死后的依附关系；遗址发现和出土大量的石造像、石构件，具有极高的艺术价值，为研究川渝地区佛教造像演变、信仰变迁及石雕艺术等提供了全新的考古资料；一批碑刻题记的发现，在重构寺院沿革史中发挥了关键作用，特别是南宋时期的碑刻还涉及寺院管理体系、度僧制度、寺院经济等问题，具有十分重要的史料价值。

第三，助力了石窟寺的保护和展示利用。江津石佛寺遗址的考古工作，厘清了石窟造像的年代序列和空间关系，为保护修缮提供了科学依据；揭示了龛前建筑的发展演变，为窟檐设计提供了真实的考古证据；拓展了石窟寺的内涵，为保护和展示利用提供了丰富的内容。在"区保"到"市保"的两线划定中，从最初仅有摩崖造像，到考古发掘后扩展到寺院遗址、墓葬、古道路等全要素内容，完整、真实地反映了石窟寺保护要素，科学地划定了两线范围。在墓葬区开展了展示利用试验段的设计和施工，为今后石佛寺考古遗址公园的建设积累了宝贵的经验。

鉴于江津石佛寺遗址的重要价值，重庆市文物考古研究院将该遗址考古发掘的精华部分，包括建筑遗迹、石刻造像、碑刻题记、僧俗墓葬等内容结成图集，整体反映该遗址在各时期、不同阶段的最为主要的物质文化面貌，集中体现该遗址历史、科学和艺术价值，促进考古成果的转化和传播，以期能够为考古学、美术史、遗产保护等学科的科研人员和专家学者提供基础的科研资料，为广大人民群众普及和宣传石窟寺的科学知识，发挥以史育人的作用，达到传承弘扬中华优秀传统文化的目的。

编者

2024 年 8 月

目 录

前言　　Ⅰ

第一章　概况　　1

一、地理环境与历史沿革　　2
　　地理环境　　2
　　历史沿革　　4

二、遗址概述　　5
　　工作过程　　5
　　发掘理念和方法　　7
　　主要发现及收获　　12

三、重要价值　　12

第二章　寺院建筑基址　　15

一、南宋建筑基址　　18
　　前殿基址（2018JSSF15）　　18
　　后堂基址（2018JSSF12）　　25
　　龛前建筑基址（2018JSSF13）　　28
　　配殿基址（2018JSSF7）　　35
　　天井基址（2018JSSTJ1）　　38
　　石上建筑遗迹　　41

二、明清建筑基址　　54
　　前殿基址（2018JSSF3）　　54
　　正殿基址（2018JSSF2）　　57

第三章　石刻造像　　63

一、摩崖造像　　74
　　泗州大圣龛（2号龛）　　74
　　水月观音龛（3号龛）　　84
　　东方三圣龛（5号龛）　　96

九龙浴太子龛（4号龛）	106
千手观音龛（1号龛）	109
佛说法像龛（7号龛）	114
罗汉群像	117
二、圆雕造像	**128**
佛头像（2017JSSH6：1）	128
佛头像（2016JDS 采：45）	130
佛头像（2016JDS 采：47）	132
佛头像（2016JDS 采：48）	134
佛头像（2017JSSTN07E14②：1）	136
菩萨头像（2017JSSH6：6）	138
菩萨头像（2016JDS 采：46）	140
罗汉头像（2018JSSTS06E09①：13）	142
童子头像（2018JSSTS06E09④：10）	144
力士头像（2018JSSH10：3）	146
女性俗神头像（2018JSSTS08E11①：1）	148
神官头像（2018JSSTS06E09①：64）	150
神官头像（2018JSSTS06E09①：68）	152
菩萨坐像（2016JDS 采：1）	154
菩萨坐像（2016JDS 采：2）	155
佛坐像（2016JDS 采：3）	156
佛坐像（2016JDS 采：4）	157
弟子坐像（2016JDSTG5③：2）	158
弟子坐像（2016JDS 采：6）	160
弟子坐像（2016JDST5③：1）	161
弟子坐像（2016JDS 采：8）	162
双履弟子残造像（2018JSSG4：7）	163
着铠甲装造像（2018JSSH10：1）	164
着铠甲装造像（2018JSSTS06E10①：3）	166
着铠甲装造像（2018JSSTS04E10⑧：1）	167
着世俗装坐像（2018JSSTS06E10①：27）	168

着世俗装立像（2016JDS采：13） 170

　　着世俗装立像（2016JDS采：14） 172

三、石刻构件 174

　　经幢构件（2016JDS采：19） 174

　　经幢构件（2017JSSTS04E14①：1） 176

　　经幢构件（2018JSSTS03E14④：2） 178

　　经幢构件（2016JDS采：23） 180

　　经幢构件（2016JDST5③：6） 182

　　经幢构件（2018JSSTS05E09①：29） 184

　　狮柱（2018JSSTS03E11①：1） 185

　　香炉构件（2018JSSTS07E09①：19） 186

　　香炉构件（2016JDS采：20） 188

　　香炉盘（2018JSSTS06E09①：49） 190

　　香炉构件（2018JSSTS07E09①：20） 192

　　碑座（2018JSSF5：2） 194

　　供桌（2018JSSTS05E10①：6） 195

　　基座（2018JSSTS06E09①：35） 196

　　仰覆莲基座（2018JSSH6①：18） 197

　　蟠龙柱础（2018JSSTS04E11③：2） 198

　　石狮柱础（2016JDSM4：5、2016JDSM4：01） 200

　　镇墓兽（2016JDSM4：02） 202

第四章　碑刻题刻 205

　　杜氏舍院基碑［2018JSSG4：16（正面）］ 206

　　祝圣寿长明灯碑［2018JSSG4：16（背面）］ 209

　　本院僧行暗念莲经转法轮碑（2018JSSF8：2） 212

　　本院成监寺舍无尽度僧库本愿意碑（2018JSSF8：1） 215

　　放生园碑（2018JSSTS08E09③：5） 218

　　放生园摩崖题刻（16号石摩崖题刻） 220

　　佛顶尊胜陀罗尼幢（2016JDS采：12） 222

　　4号龛下方摩崖题刻 227

2号龛左壁摩崖题刻	229
3号龛后壁摩崖题刻	230
"江津县重修石佛禅寺"摩崖题刻	232
"游石佛寺四绝"摩崖题刻（1号石摩崖题刻）	234
"南无阿弥陀佛"碑（2018JSSTD2：6）	236
"……菴主舍利骨塔"碑（2018JSSF10：16）	238
圆寂明公和尚之塔碑（2018JSSTS04E11①：12）	240
宋故康氏之墓碑（2016JDSM4：03）	242
"永垂万古"碑（2016JDSTG5③：7）	246
碑（2018JSSTS05E13②：2）	249

第五章　僧俗墓葬　　253

5号墓（2018JSSM5）	256
4号墓（2018JSSM4）	262
9号墓（2018JSSM9）	269
2号墓（2018JSSM2）	271

后　记　　276

- 第一章 -

概況

一、地理环境与历史沿革

● 地理环境

石佛寺遗址位于重庆市江津区圣泉街道办事处中渡社区2社，地处长江北岸的一处山坳内，中心地理坐标为北纬29°18′10.01″、东经106°16′17.44″，海拔高程为344~377米。该遗址是一座晚唐五代至明清时期的石窟寺遗址，其地形三面环山，一面俯瞰长江呈几字形绕江津主城奔流而去，视野极为开阔。遗址所在山坳内，顺坡势散落着十余块砂岩质球状风化巨石，形成了非常独特的地质景观，寺庙建筑、摩崖造像巧妙地利用了这些巨石布局，从而形成了由江、山、奇石、寺庙建筑所共同组成的一处独特的多维山水建筑景观遗产。

◎ 江津石佛寺遗址环境

第一章 概况 — 3 —

◎ 江津石佛寺遗址的巨石景观

● 历史沿革

石佛寺遗址由建筑基址区、石上建筑遗迹区、墓葬区、摩崖造像区、放生园区五部分所组成，延续时间近千年，见证了从晚唐五代至明清时期寺院的兴衰和格局变迁。

石佛寺自晚唐五代时期开始在巨石上开凿摩崖造像，包括水月观音、东方三圣等，并修建龛前建筑；北宋时期，徽宗朝宰相张商英与该寺院可能存在一定联系；到南宋绍兴十六年（1146年）有杜氏舍院基后，开始大规模兴修寺院建筑，包括前殿、后堂、龛前建筑、塔等，当时的寺名为观音院。同时还增刻造像，包括泗州大圣、五百罗汉、千手观音等。此外，还建立了放生园，出现供养人墓。

元末，明夏割据政权明昇在位时寺院因战火而损毁；明代正统元年（1436年）僧人道胜一田禅师重修了寺院，由正殿、斋堂、法室、天王殿、山门等组成，还单独辟出了僧人墓葬区，包括高僧塔墓和一般僧侣的合葬墓。明代工部尚书江渊为该寺题诗《古佛禅院》："招提高耸与天邻，夕梵晨钟远近闻。出洞龙翻千嶂雨，上楼僧踏一梯云。巉岩古记何年刻，深院名香尽日焚。安得投闲居此地，比林猿鹤想同群。"并将石佛寺位列"江津八景之一"。清代中期寺院又屡次修缮，终至清末民初逐渐毁圮。

二、遗址概述

● 工作过程

随着对石佛寺遗址性质认识的不断深入，其考古和保护工作可以分为三个阶段。

1.摩崖造像的发现。1987年，第二次全国文物普查中发现了石佛寺的摩崖造像，其后将石佛寺摩崖造像定为县级文物保护单位。

2.考古学推动下的内涵和价值的转变。2016年10月至2017年1月，为配合滨江新城建设，重庆市文化遗产研究院联合江津区文物管理所开展石佛寺摩崖造像及其周边区域的考古调查和试掘，调查范围约1平方公里，试掘250平方米，除摩崖造像外，发现了大量的寺院建筑基址、石上建筑遗迹、摩崖题刻、古墓葬及大量圆雕造像、石刻构件等，确认了其作为石窟寺遗址的性质，极大地提升了遗址的价值和内涵。

3.考古遗址公园指引下的一体化保护。鉴于石佛寺遗址的重大价值，江津区人民政府与重庆市文化遗产研究院在战略合作框架协议下，共同推动石佛寺考古遗址公园的建设，统筹石佛寺遗址的考古、保护、研究和展示利用工作。2017年11月至2019年11月，开展主动性调查和发掘，确认其分布面积约3万平方米，发掘4600平方米，清理各类遗迹50余座，包括建筑基址、石上建筑遗迹、墓葬、摩崖造像、摩崖题刻等；出土各类文物标本900余件，主要有石造像、石构件、石碑刻、陶建筑构件、瓷生活用具等，初步弄清了遗址的功能分区、平面布局和时代沿革。2019年，石佛寺遗址升格为重庆市文物保护单位。2020年，石佛寺遗址入围"2019年度全国十大考古新发现"终评20强；入围"中国社会科学院考古学论坛·2019年中国考古新发现"。同年，墓葬区展示利用试验段建成。2021年，《重庆江津石佛寺遗址发掘报告整理和研究》成功申报国家社科基金一般项目。同年，开展石佛寺遗址5号石保护方案设计。

◎ 江津石佛寺遗址未发掘前场景

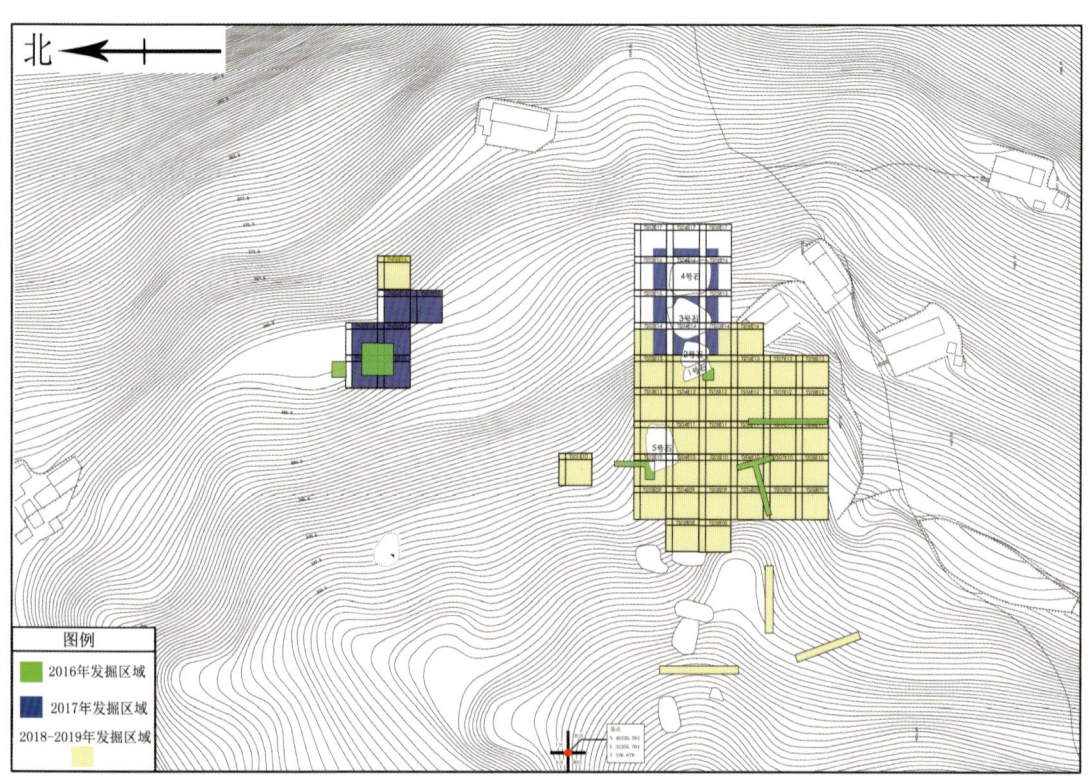

◎ 江津石佛寺遗址历年发掘布方图

● 发掘理念和方法

树立"发掘、研究、保护、展示、利用"一体化理念。在发掘过程中，邀请石窟寺、古建筑、文物保护等方面的专家开展多学科综合研究；考古记录、测量、绘图等工作全面数字化；坚持"边发掘、边整理、边保护、边研究、边展示利用"的原则，全面推动石佛寺遗址各项工作。

合理运用重叠型硬遗址科学发掘方法。遗址中多个时代建筑相互叠压，为维护完整性，以部分出露的宋代建筑为基础，注重"三个结合"探明宋代基址的体量和结构，即总平面与局部剖面相结合、关键柱网与四至边角相结合、整体保护与重要遗迹揭露相结合。同时辅以出土碑刻材料、碳14测年、建筑比较研究等手段，厘清了各时期建筑的布局、尺度和变化。

◎ 摩崖造像清理

创新石窟寺考古路径。整体看待石窟造像、崖面建筑遗迹、地下建筑遗址，从寺庙总体布局、沿革、功能等角度出发，动态考察摩崖造像与寺庙建筑之间的因果关系、空间关系和演变过程，以田野发掘为中心，全面重建石窟寺考古中易被忽略的地下遗迹与地上遗存间的重要历史联系。

◎ 专家与参与发掘人员合影

◎ 发掘工作人员合影

◎ 建筑基址清理

◎ 佛像清理

◎ 数字化绘图

◎ 遗址三维扫描

◎ 墓葬区展示利用试验段

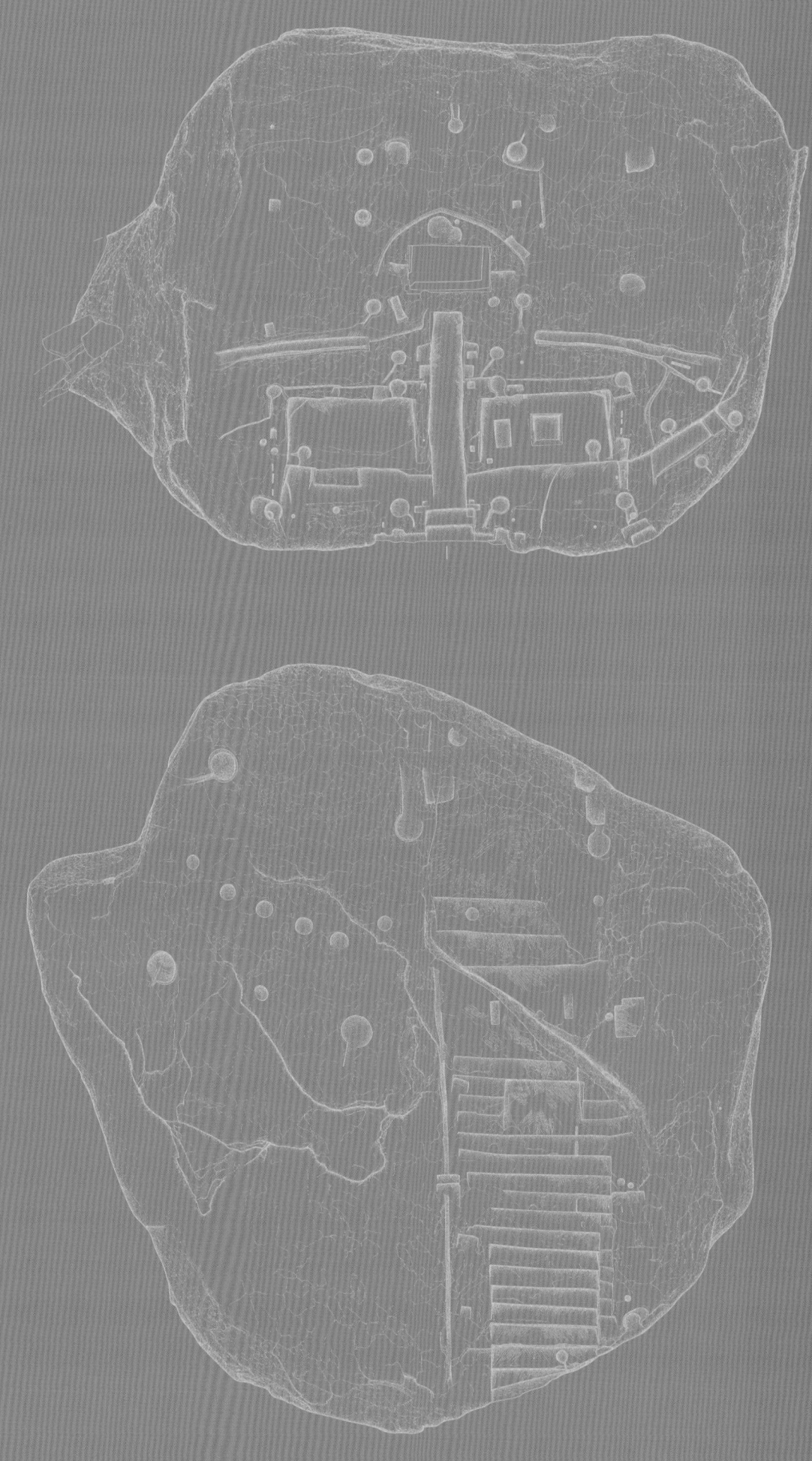

第二章

寺院建筑基址

寺院建筑基址位于整个遗址的南部，由建筑基址区和石上建筑遗迹区两部分组成，建筑基址区所在地形顺自然坡势，呈东高西低状，东侧为一块南北宽、东西窄的较为平整的台地，发掘的建筑基址和摩崖造像巨石（5号石）均位于该台地上。石上建筑遗迹主要分布于建筑遗迹区的东部，由四块形态各异的巨石（1—4号石）构成。另外，顺坡势呈东西向一字排列，石块表面均有建筑遗迹。另外，在建筑遗迹区西侧为坡度较缓的坡地，经调查和探沟发掘，该区域发现有建筑遗存、摩崖造像和摩崖瘗龛等。坡地北部还分布有数块天然巨石，其上也发现有建筑遗迹等。

根据地层关系和出土遗物的情况来看，寺院建筑基址的时代从宋代一直延续至清代，历经多次重建、修缮，建筑之间的叠压、打破关系非常复杂。这里需要说明的是在发掘过程中，考虑到为方便今后呈现寺院建筑遗迹演变序列的展示，因此基本保留了中轴线上的明清建筑遗迹，而叠压其下的宋代建筑则仅揭露了台基的四至、边角，并通过探沟搞清楚二者的叠压关系。中轴线两侧建筑则发掘至宋代建筑基址上。

其中宋代建筑格局保存较为完整，建筑形式多样，包括台基式建筑、木石结合型建筑、洞窟等，主要由前殿、后堂、配殿、龛前建筑等建筑基址以及转轮藏基址、爬山廊基址、塔基址及地宫等石上建筑遗迹所组成。明清时期寺院主体建筑规模缩小，由前殿、院、正殿、配殿及龛前建筑等组成，配殿及龛前建筑保存较差。石上建筑遗迹周围没有发现明清时期的建筑构件，推测应该是宋代石上建筑损毁后，并没有再次重建。

◎ 建筑基址区全景

一、南宋建筑基址

● **前殿基址**（2018JSSF15）

南宋

长30、宽11.9米

坐东朝西的建筑基址，平面形状呈凹字形，由台基、月台、踏道、铺石地面、柱础、磉墩、墙基等遗迹组成，部分被明清前殿所叠压，因而未发掘。

台基外侧有石砌包边，由加工规整的石块垒砌而成，每层石块用丁顺结合的方式砌筑，该砌法的重要特点是以丁石出头的形式卡住两侧的条石，以使台基包边的结构更加稳固。台基正中有石砌踏道伸入殿内；台面中部及南部暴露出部分铺石地面，地面用方形石块或长条形石块铺砌，方形石块均为45°斜铺，台基中部可见有方形石块地面外用长条形石块铺砌边带的做法。南部暴露地面所用石块较为杂乱，铺砌不甚规整。

台面上发现柱础石11个、磉墩2个，可将该殿复原为面阔7间、进深4间的大殿。

台基南侧还有长条形排水沟，沟底及沟壁用条石砌筑，沟的西部顺自然地势呈弧形向下拐弯。

◎ 前殿基址（F15）

第二章 寺院建筑基址

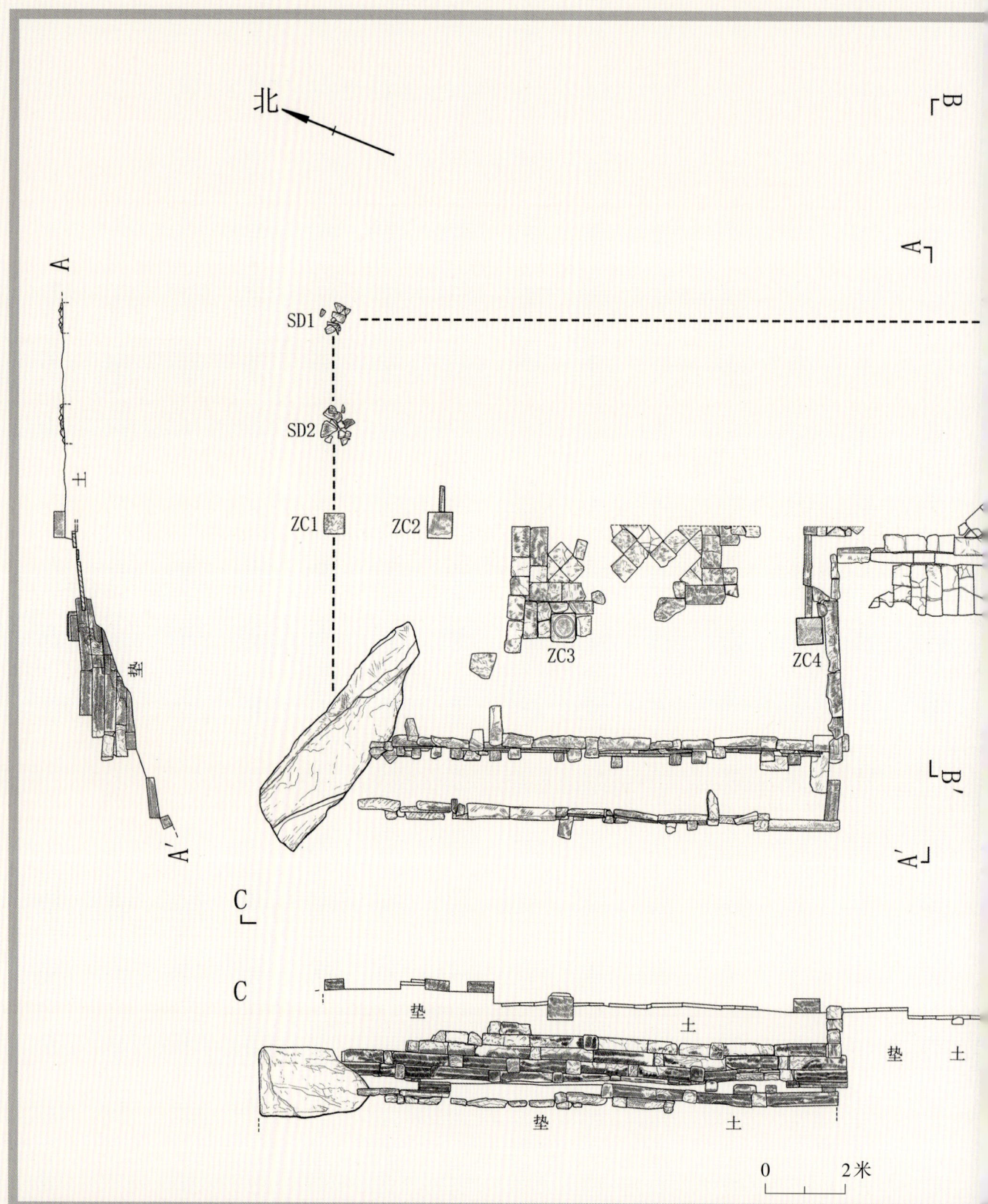

◎ 前殿基址（F15）平面、剖视图

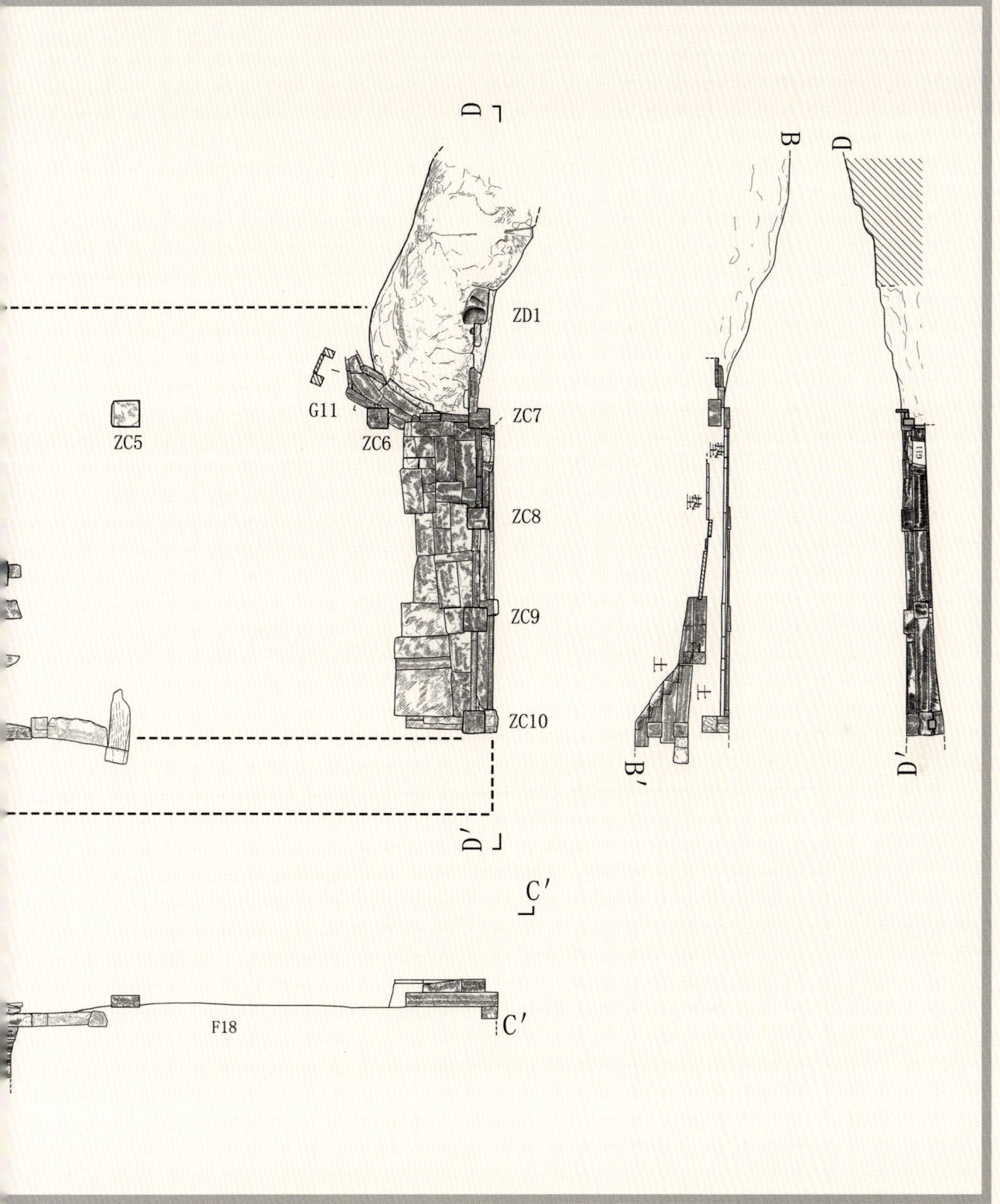

◎ 前殿基址（F15）台基西侧边石砌包边

◎ 前殿基址（F15）台基南侧边

◎ 方形柱础（ZC9）

◎ 覆盆状柱础（ZC3）

◎ 前殿基址（F15）南侧排水沟

◎ 前殿基址（F15）安置踏道的槽口

● 后堂基址（2018JSSF12）

南宋

长19.7、宽13.5米

坐东朝西的建筑基址，平面呈长方形，仅暴露出台基包边及部分边角，暴露部分可见由主体建筑台基和月台台基组成。

主体建筑台基残存有北侧边和部分南侧边、东侧边的石砌包边以及东北、西北、西南三边角。其中东北角呈"⌐"，该角的北侧边为残石窟遗迹（DK1）的窟外通道的西壁。其余两个边角呈直角。从保存较好的北侧边来看，其砌筑方式为平砌，每层条石还用丁石和顺石相结合，与前殿的砌筑方式基本一致。

月台位于台基的西侧，平面为长方形，暴露出北侧边、部分南侧边及西北角的石砌包边。从保存较好的北侧边看，其紧接于后堂台基的西侧边前，砌筑方式均为平砌，每层条石也用丁石和顺石相结合的砌筑方式，但丁石不出头。

后堂基址的北部与龛前建筑基址（F13）共用一条排水沟。

◎ 后堂基址（F12）与明清时期建筑的叠压情况

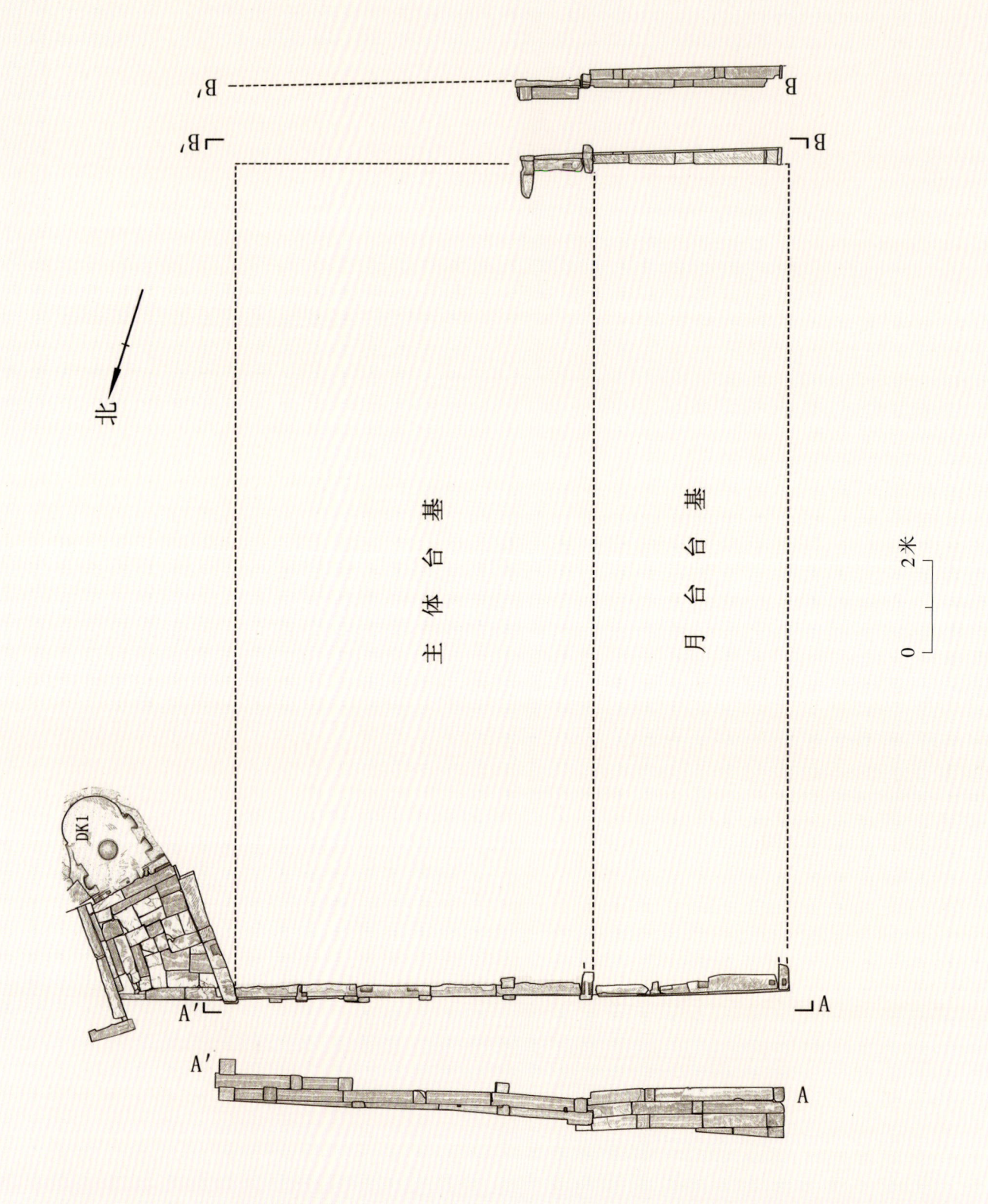

◎ 后堂基址（F12）平面、剖视图

◎ 后堂基址（F12）台基丁顺结合的砌筑方式

◎ 后堂（F12）暴露的台基北侧边石砌包边

● 龛前建筑基址（2018JSSF13）

南宋

通长23.2、宽18.4米

坐北朝南的建筑基址，5号石位于F13中央，其中5号石是遗址中摩崖造像的主要分布区。F13即为一座5号石摩崖造像的保护性建筑，由发掘清理出的建筑基址和5号石上的建筑遗迹共同组成。发掘的建筑基址由台基、柱础、踏道、慢道、铺石地面等组成，5号石上的建筑遗迹包括柱洞、方形榫、燕尾榫等。

台基平面暴露部分呈梯形，台基南侧和东侧较为完整，西侧被晚期建筑破坏殆尽，仅残存部分西侧北部的包边石，北侧台基因山体坡度较大，考虑到有滑坡危险，未进行发掘。台基南侧保存有较好的石砌包边，其中南侧的西段和东段有所差异，南侧西段采用平砌的方式，最下部为土衬石，其上砌筑两层包边条石，部分条石间夹有丁砌条石，丁石出头。包边顶部还残存有部分压阑石；东段高于西段，底部为土衬石，其上有两层条石，第二层条石叠涩内收。每层均出露一个丁砌石块，顶部无阶条石。台基东侧与台基南侧的东段砌筑方式一致。台基北部的石砌包边仅暴露出一小段，砌筑方式亦为丁顺结合的方式。台基西侧的石砌包边已损毁无存。

台面的西南部、5号石南侧的台面上有三个层层升高的地面，铺地石表面多经打磨，多无錾痕。南部较低的地面多用近方形或小长方形的石板铺地，中部和北部较高的地面多用长条形石板竖砌。台面东部的地面整体高于台基西南部，台面西南的中、南部两个地面与东部地面间均用踏道相连。台面东部、5号石东侧多用长条形石板竖砌，台基东部的北侧较高、南侧较矮，两者之间又用斜坡慢道相连，慢道亦用两排长方形石板竖砌。台面北部、5号石北侧有东高西矮的两个地面，亦为长条形石板竖砌。

台面上残存有10个柱础和2个门枕石，柱础形制以方形为主，个别为覆盆形。5号石上有9个圆形或半圆形柱洞，周围还分布有一些梁孔、燕尾榫槽以及施工脚窝等遗迹。

第二章 寺院建筑基址

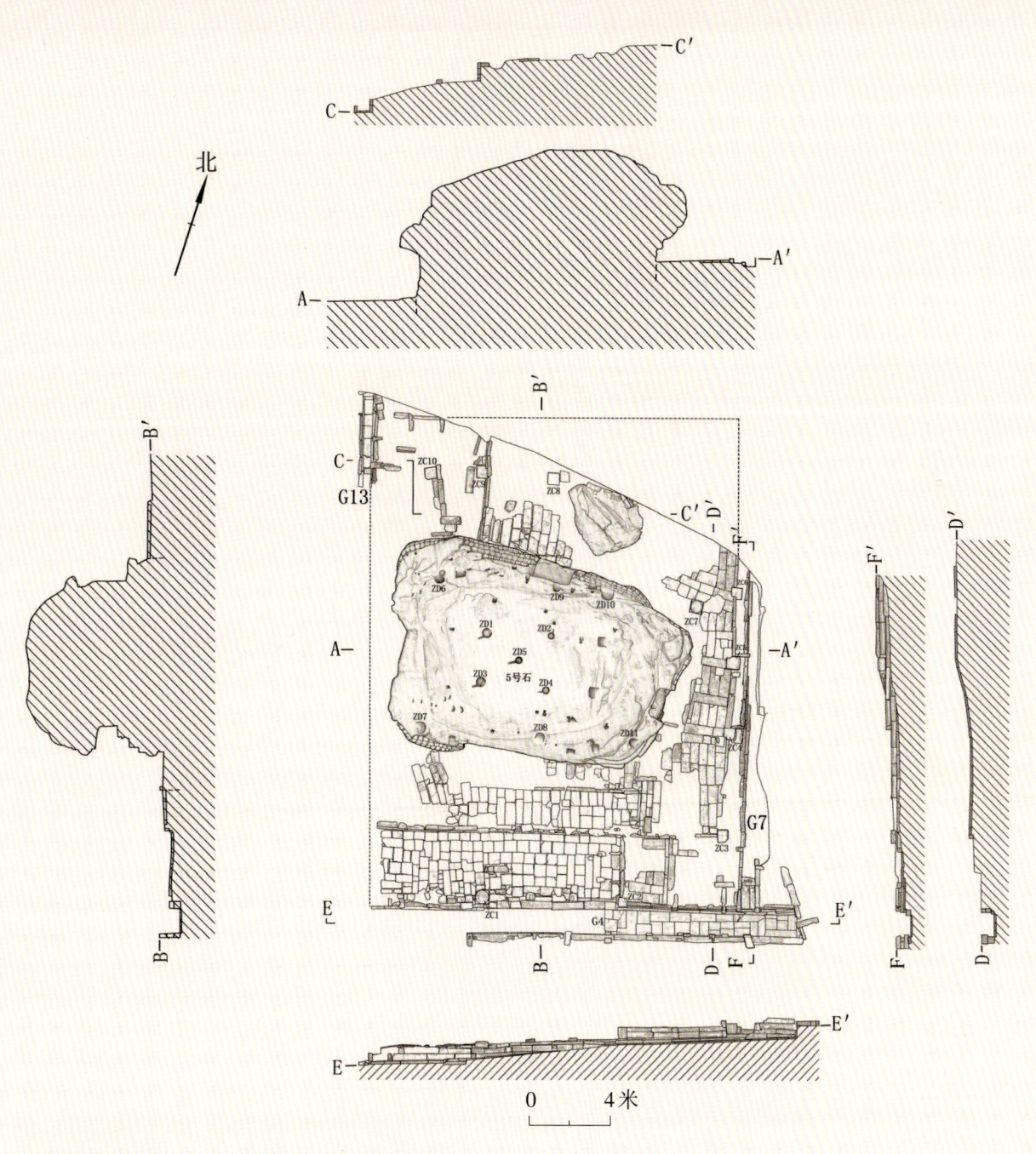

◎ 龛前建筑基址（F13）平面、剖视（面）图

◎ 龛前建筑基址（F13）台基和台面情况

第二章　寺院建筑基址

◎ 龛前建筑基址（F13）台基和台面情况

◎ 龛前建筑基址（F13）俯视

◎ 龛前建筑基址（F13）斜坡慢道

◎ 龛前建筑基址（F13）台基南侧边东段石砌包边

◎ 覆盆形柱础（ZC7）

◎ 方形柱础（ZC3）

◎ 龛前建筑基址（F13）台基南侧边西段石砌包边及地面、门枕石

配殿基址（2018JSSF7）

南宋
长13.7、宽6.1米

坐南朝北的建筑基址，平面呈长方形，由台基、铺石地面、柱础、墙基等组成。

东侧、北侧、西侧残留有部分石砌包边，北侧石砌包边的东部保留有部分条石，底层有土衬石，其上平砌有一层条石；东侧石砌包边保存较好，底部亦为土衬石，其上平砌有两层包边条石；南侧边包边条石已无存；西侧包边原应坐落于建筑基址西部的巨石上，包边条石已无存，但巨石上可见有卡嵌该侧边条石的槽口。

中央明间铺地石板较为规整，多数用近方形的石块拼砌而成，但其东南角有一部分用长条形石块横砌。东侧次间铺石地面铺砌较为杂乱，所用石块种类多样，有近方形、长条形和不规则形。西侧次间铺石地面无保存。

台面上共发现2个柱础和1个磉墩。从柱础、磉墩和墙基的分布来看，可将其复原为面阔3间、进深2间的建筑。

● 天井基址（2018JSSTJ1）

南宋

长8.5、宽7.3、深0.7米

系F13、F15、F14所围合的天井。平面呈长方形。四壁用石块垒砌，石块朝内一面修凿平整，外侧多未经修凿。四边底部均有土衬石，土衬石顶面内侧均有卡嵌上层条石的长条形槽口，外侧留有金边。未发现铺地石板。东壁顶部外侧和南壁顶部外侧均可见铺有不规则的小块石板。

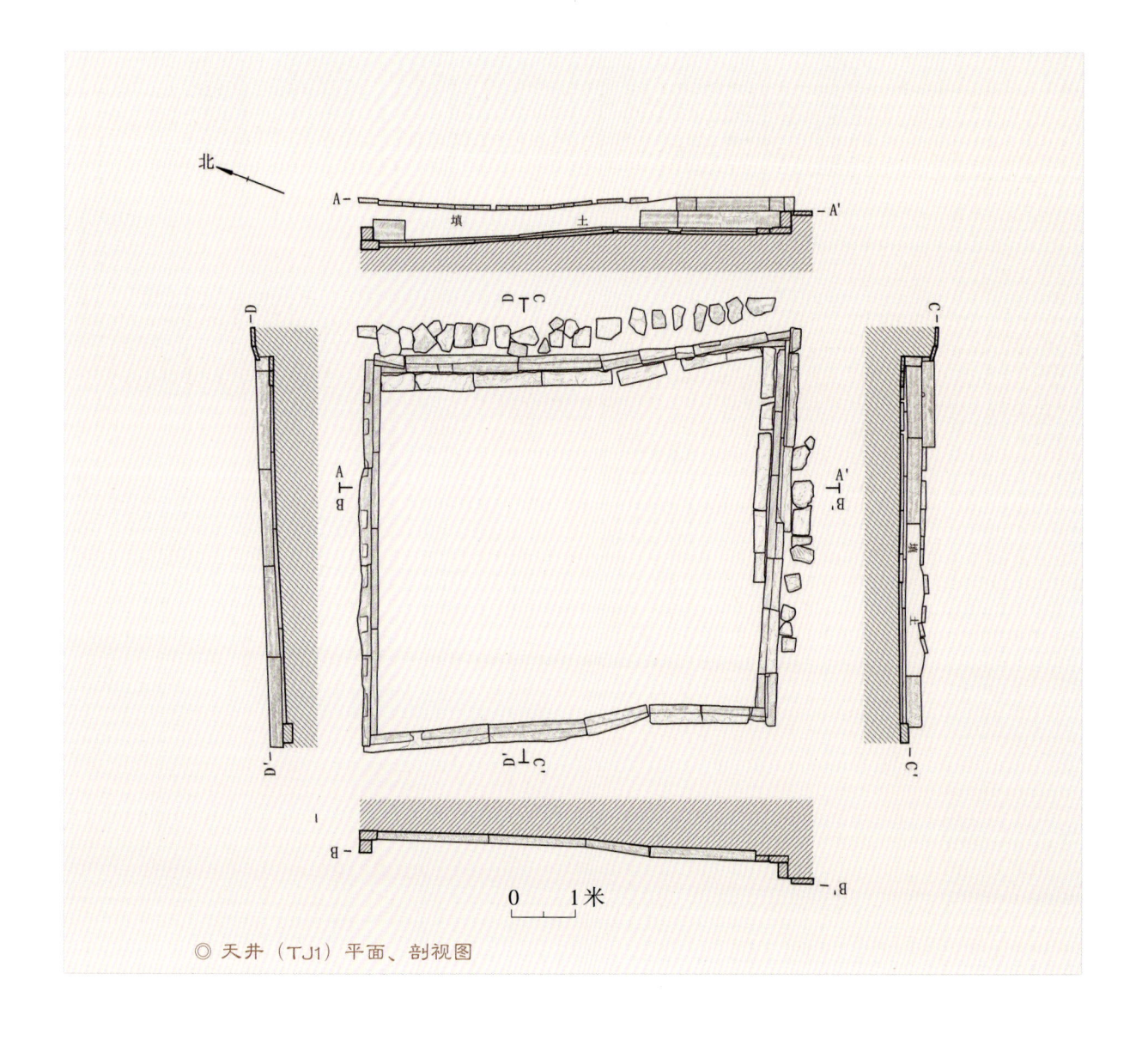

◎ 天井（TJ1）平面、剖视图

◎ 天井（TJ1）

1号石（残石窟）

南宋

长8.9、宽4.1、高3.1米

1号石现状为一块平面呈三角形的巨石，其顶部较平整，顶面上有晚期的柱洞、沟槽遗迹；其西壁雕凿平整，其上有两幅明代摩崖题刻，该石现状为明代修建大殿（F2）时，因殿基址后移，将该石打破所形成，根据F2地面下出露的基岩石块范围来看，1号石的原始范围较现在更大。

该石西北侧有一残石窟，洞窟上部已被破坏，仅残存底部，编号为DK1。它由窟前通道和洞窟所组成。通道平面呈梯形。两壁用条石平砌，左壁即为F12台基东北角的北壁，地面用条石平铺，条石规格不一，铺砌较为杂乱。洞窟平面呈马蹄形。中央有一圆形凹槽，底部平坦。左右两壁各有两个壁龛，均遭破坏，龛口现状均为上宽下窄，龛壁多呈圆弧状。

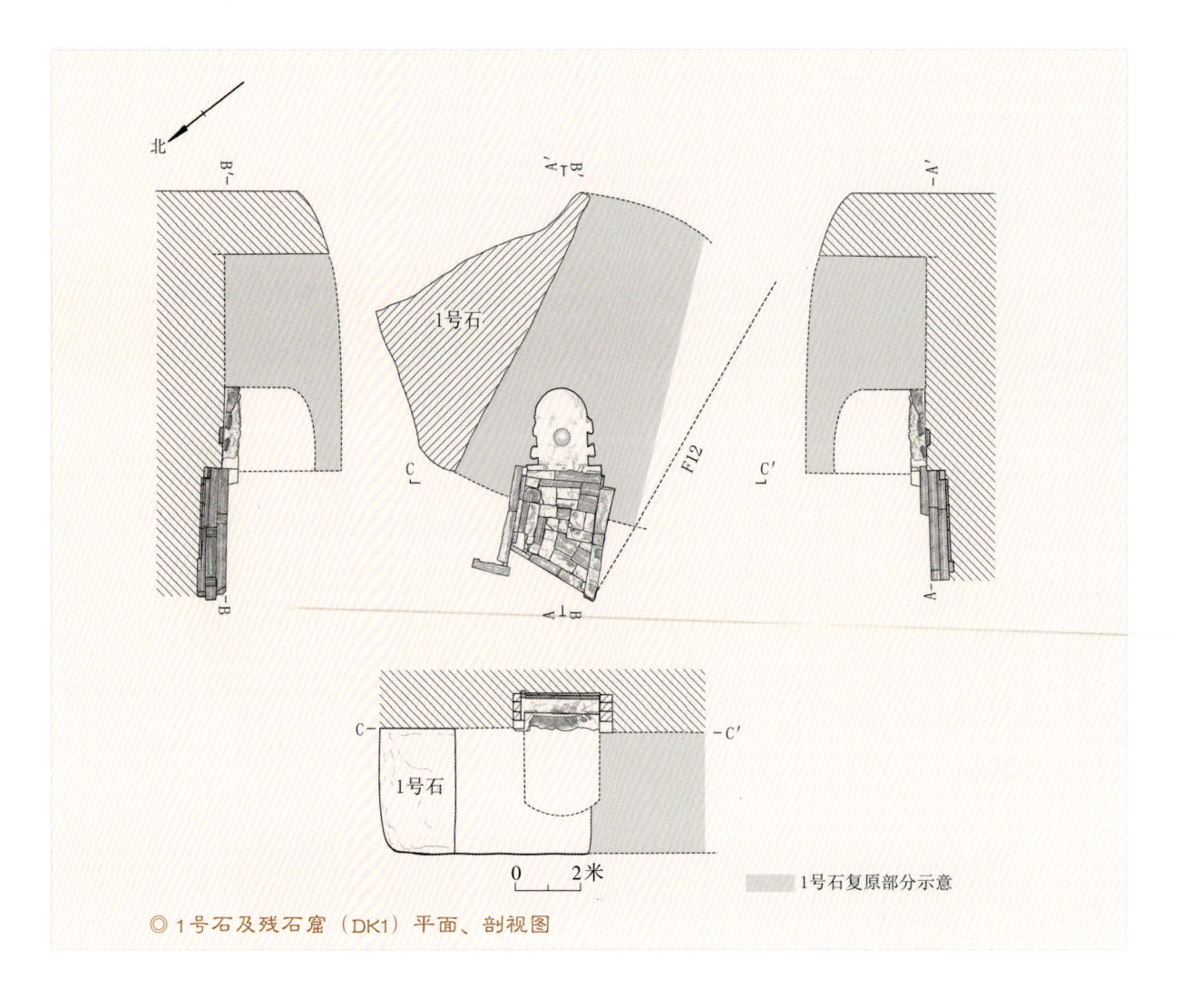

◎ 1号石及残石窟（DK1）平面、剖视图

◎ 1号石现状

◎ 残石窟（DK1）俯视

2号石（转轮藏基址）

南宋

长9、宽9.9、高4.4米

平面略呈三角形，顶面较平，周边较斜陡。顶面凿有方形平台，其南北两侧有壁，壁面较直，底面开凿平整。平台中部有一个圆形浅凹槽，其中央有一圆形凸面，凸面中心凿有一个方形榫洞，应为转轮藏基址。平台西北凿有五级踏道，其两侧有柱洞、方形榫槽遗迹等，应当是通过木构的飞桥与前方建筑相连接。

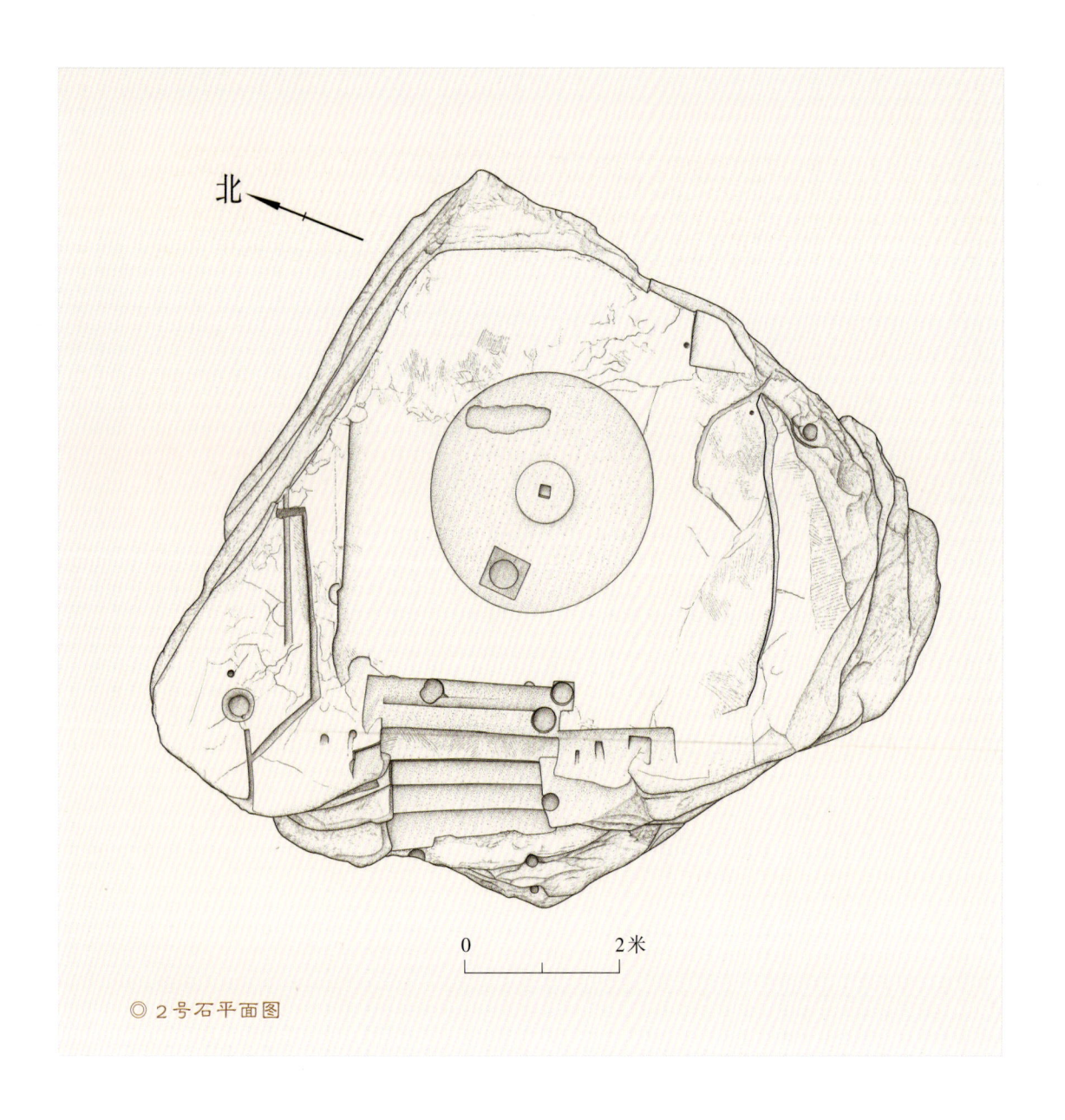

◎ 2号石平面图

第二章 寺院建筑基址　― 45 ―

◎ 2号石

3号石（爬山廊基址）

南宋

长12.4、宽12.3、高2.5米

平面呈不规则形，顶面较斜弧，周边较斜直。其西侧凿有上、下两段踏跺，下段踏跺共17阶，上段踏道共2阶。两段踏道中间有一个长方形平台，其中部有两个竖长方形的浅槽。上段踏道的上方又连接一个平台，其东北、东南两角各有一个柱洞和方形凹槽。

两段踏跺之间有一条东北—西南走向的沟槽，其右侧有一条长条形沟槽，左侧有一些小柱洞。两段踏跺及周边柱洞、沟槽等，可能为爬山廊遗迹。

大石东北部分布有两排、4个大柱洞，可连成一个方形建筑，两排柱洞间还排列有一行南北走向的6个小柱洞。

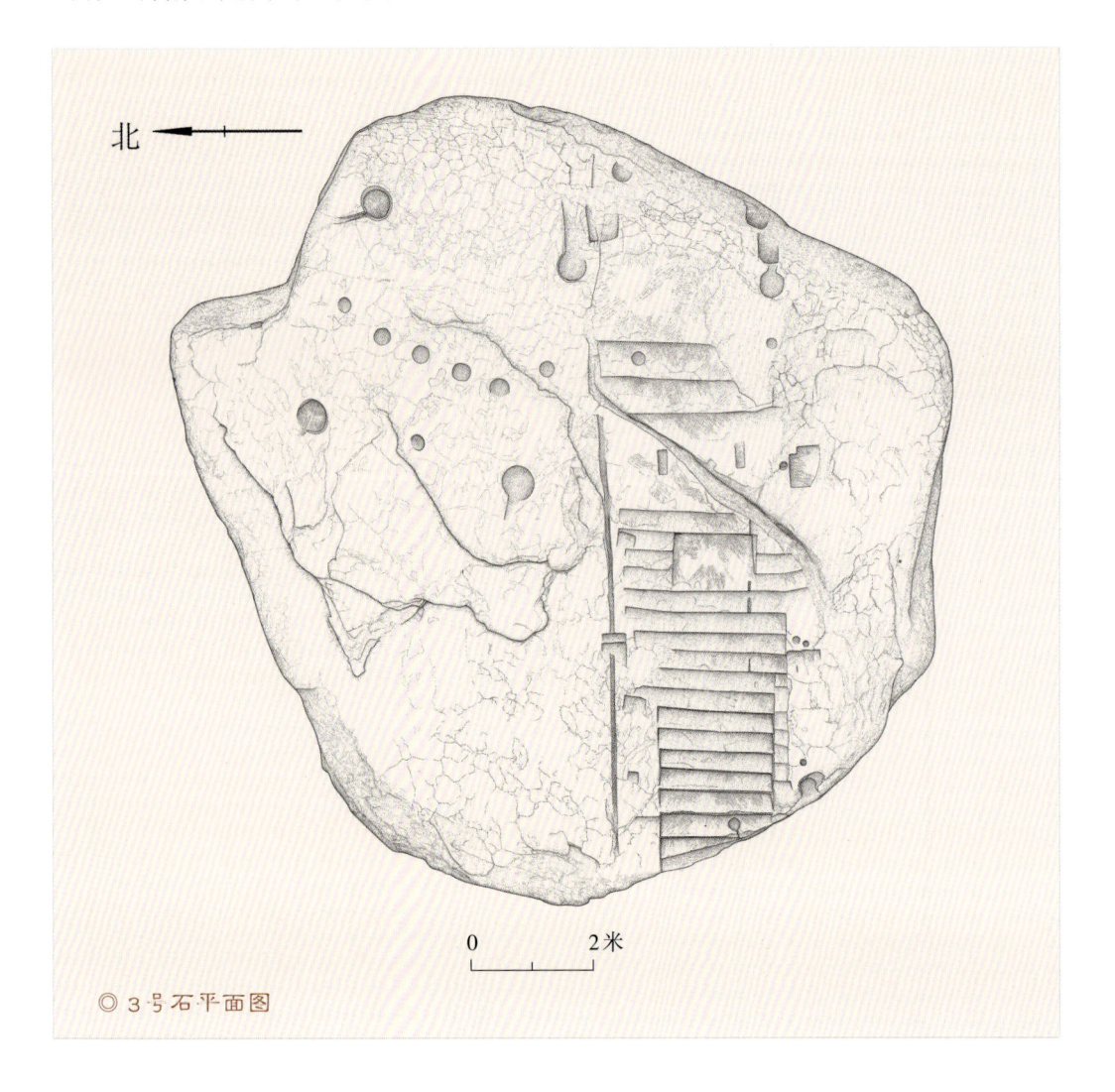

◎ 3号石平面图

◎ 3号石

第二章 寺院建筑基址　－ 47 －

© 江津石佛寺遗址宋代建筑复原示意图

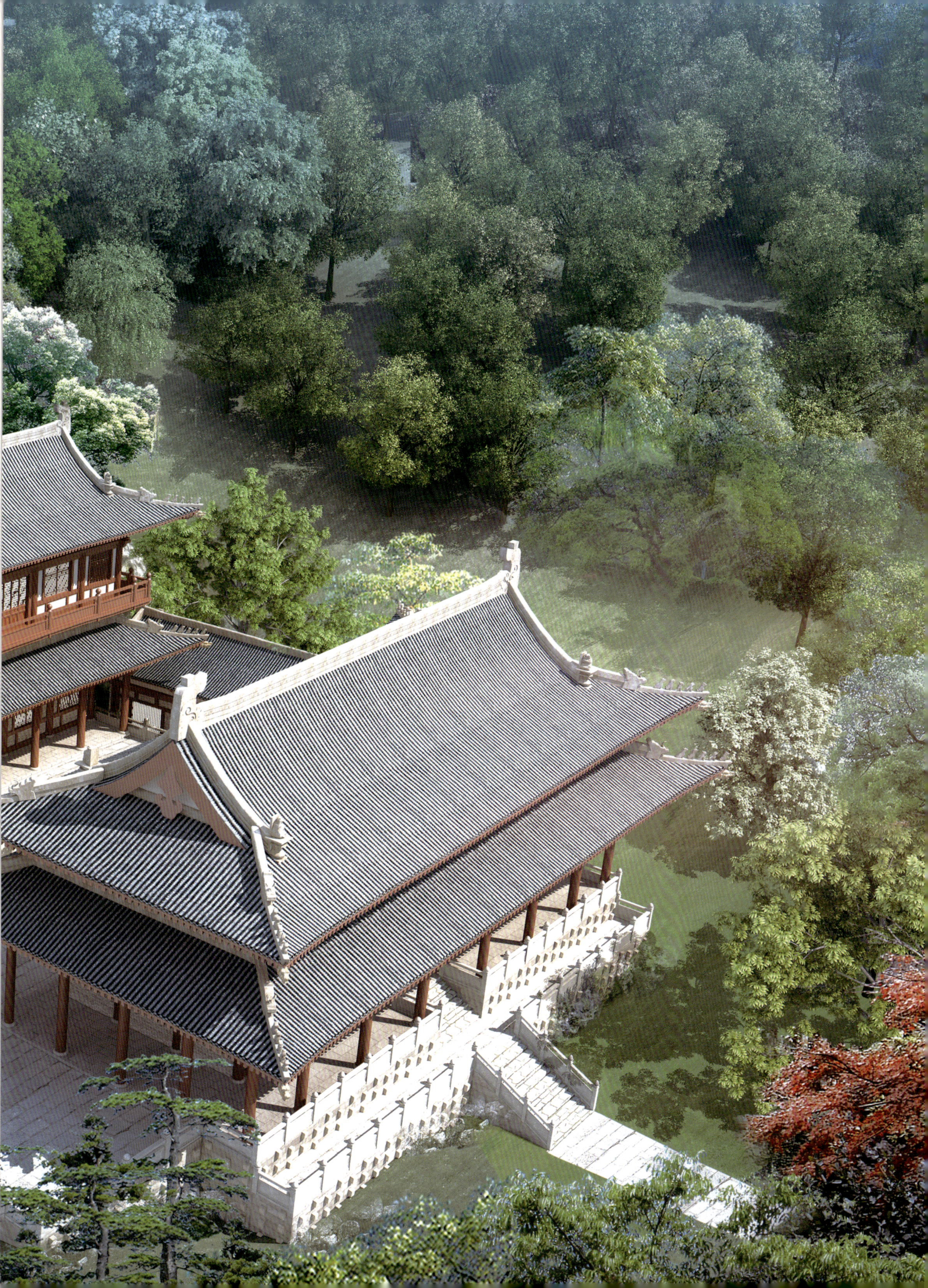

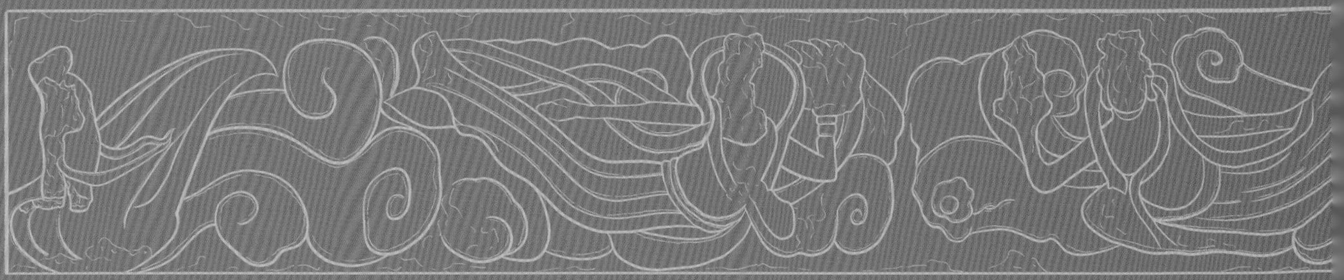

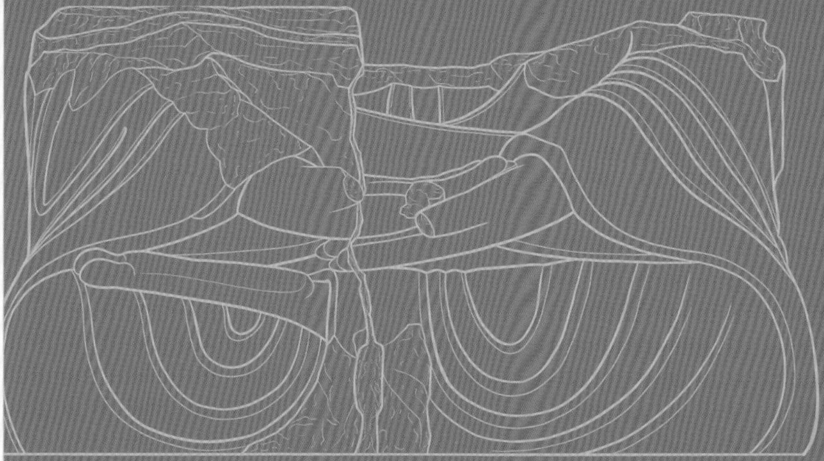

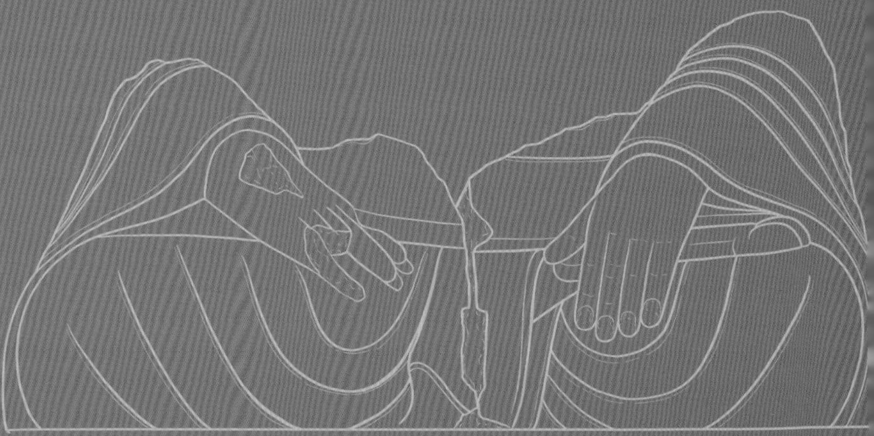

第三章

石刻造像

遗址内发现了数量众多的石刻造像，其中摩崖造像主要位于建筑基址区北侧的一块东西向的椭圆形巨石上（即龛前建筑基址F13中央巨石），编号为5号石。巨石四面均开有造像龛，共8龛，其中北侧1龛、西侧1龛、南侧5龛、东侧1龛，巨石四面统一规划、布局、开凿罗汉群像，有序分布于四壁大龛两侧及下方。造像共计470余尊，包括水月观音、东方三圣、五百罗汉、泗州大圣、千手观音、佛说法像、九龙浴太子等，时代集中于晚唐五代和南宋时期，也有个别的明代造像。

此外，遗址还出土有上百件精美的圆雕造像、石刻构件，包括佛教造像、道教造像、建筑构件、经幢构件、墓葬构件等，它们精湛的工艺手法，代表着晚唐五代至明清时期川渝地区石刻的高超艺术水平。

◎ 5号石与龛前建筑基址（F13）

第三章　石刻造像

◎ 5号石南面正射影像

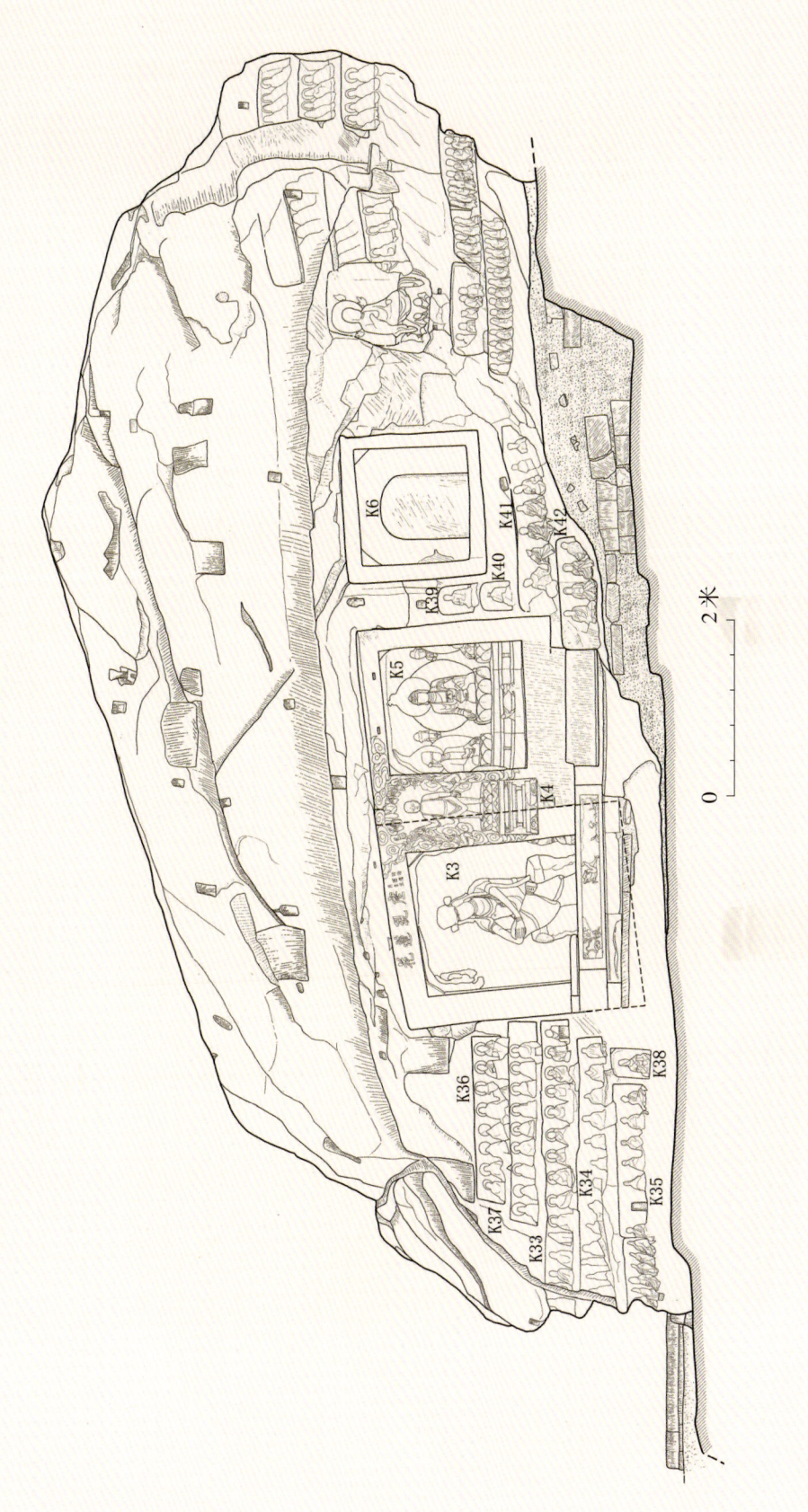

◎ 5号石南面立面图

◎ 5号石西面正射影像

第三章 石刻造像

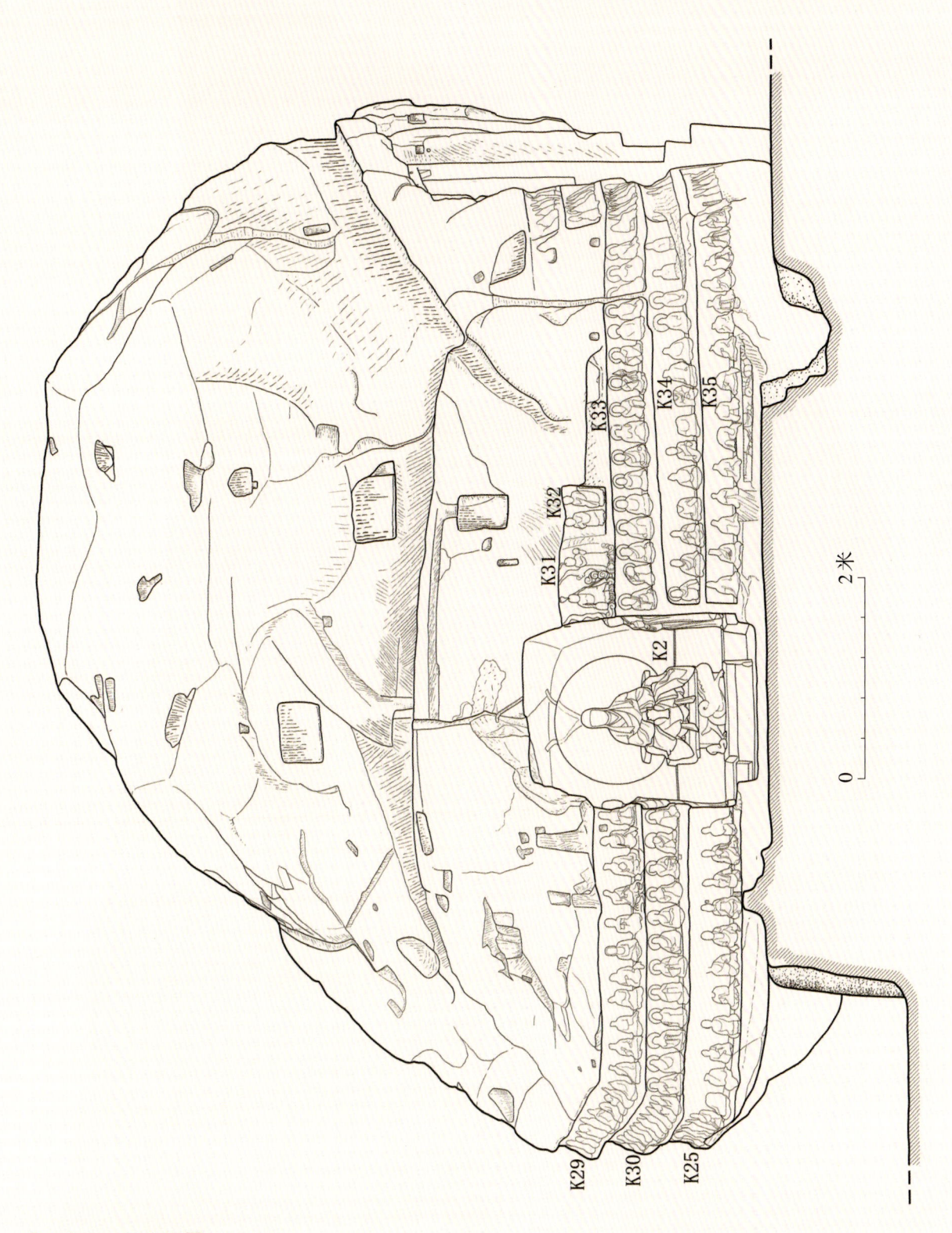

◎ 5号石西面立面图

- 76 - 石佛寺遗珍

A⊤B

A′⊥B′

0　　　　　50厘米

◎ 泗州大圣龛（2号龛）立面、剖视图

第三章 石刻造像 - 77 -

◎ 左侧弟子像

0 20厘米

◎ 左侧弟子像立面图

● 水月观音龛（3号龛）

晚唐五代

龛宽1.66、高2.18、进深1.25米

龛立面为长方形，平面为半圆形，平顶，龛口顶左右上方各有一斜撑。

龛内主尊为水月观音像，游戏坐于山峦座上。背后阴线刻圆形头光，内残存红彩。观音头部微向左侧斜侧，绾高圆髻，戴高圆花冠，冠中央雕一佛结跏趺坐于仰莲圆座上。冠两侧系结，缯带垂搭两肩，冠后发辫垂于两肩。面部略宽圆，双耳宽大，颈部有两道蚕纹。上身斜披络腋，绕搭左肩，一端垂搭左腿上。下着长裙，腰束宽带，露双足。戴双重环状项圈，于胸前中央两侧对称雕饰卷草，其下缀饰团花，团花两侧又各垂一道长璎珞，过小腿折向身后，璎珞上垂饰流苏、菱形饰。两臂各饰三重环状臂钏，双腕饰三重钏，左踝亦饰钏。台座呈束腰山形座，台座前有两个方形足踏，左足下垂踩于左侧足踏上，右足置于左膝上，双手抱右膝。

菩萨左右各雕有一供养菩萨，左侧为摩崖造像，头后有彩绘圆形头光，绾高髻，戴束发冠，两侧系结，宽缯带垂于腋下。面部丰圆，双眼半睁，钩形长耳。颈部有两道蚕纹，着僧祇支，于胸口束宽带，下着长裙，腰束宽带，自腹部裙头内外翻，经双腿间垂于台座中央。披帛覆两肩，各于腹前横过，搭绕对侧小臂，垂于台座两侧。戴双重环状项圈，项圈两侧又各垂一道长联珠璎珞，经小腿折向身后。双手托一厚圆盘于胸前，盘中盛一莲盒。左腿跪地，右腿向前屈起，右手置右膝上，上身直挺。右侧造像已无存，仅残存台座。

左右壁顶部各造一飞天，镂空雕刻，部分飞天身体和祥云后有磨光石坯连接壁面，大部镂空，整体悬于半空。二飞天体形修长，均绾高圆髻，戴束发冠，两侧系结，短缯带垂耳后。面部长圆，黑色彩绘柳叶细眉，双眼半睁，钩形长耳。颈部雕两道宽蚕纹。斜披络腋，覆搭左肩，下着长裙，腰束宽带，裙尾高高飘向龛顶，飘带搭两肩，环飘于头顶及身体两侧。戴双重环状项圈。身体四周环绕数朵祥云。左侧飞天右臂残断，双臂及左腕饰双重腕钏，左臂斜展，手掌摊开，掌心有一硕大宝珠，右手托一圆盘，左腿斜伸身后，为裙裹覆。右腿弓步前屈，露右足。右侧飞天左臂残断，右腕饰双重腕钏，右臂举头侧，左腿弓步前屈，露左足，右腿为裙裹覆。

◎ 水月观音龛（3号龛）

◎ 水月观音龛（3号龛）立面、剖视图

第三章　石刻造像　－ 87 －

◎ 水月观音像

◎ 水月观音像立面图

◎ 左侧供养菩萨像

0　　　　　20厘米

◎ 左侧供养菩萨像立面图

第三章　石刻造像　- 91 -

◎ 右侧飞天像

◎ 右侧飞天像立面图

◎ 左侧飞天像

◎ 左侧飞天像立面图

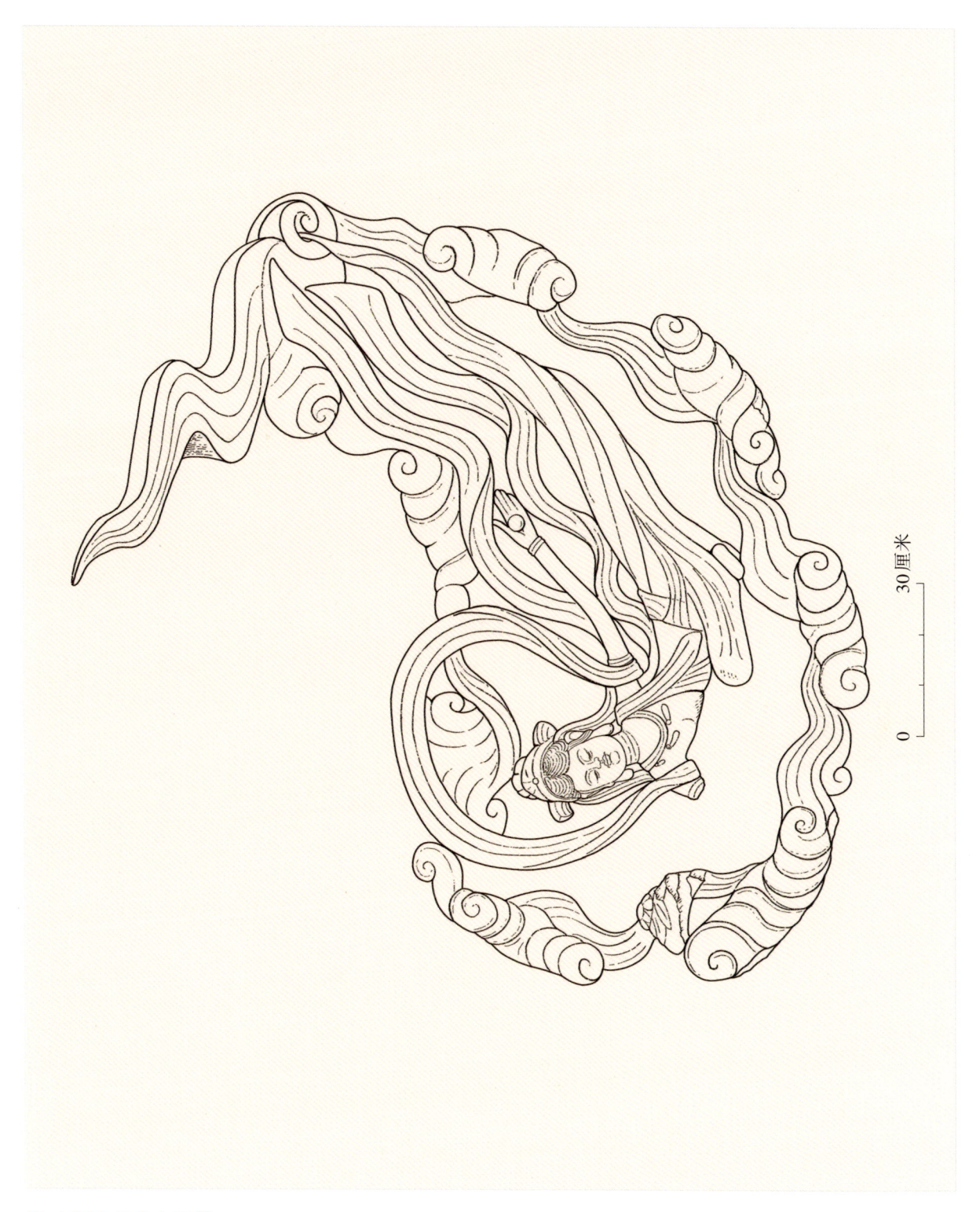

● 东方三圣龛（5号龛）

晚唐五代

龛宽 1.50、高 1.66、进深 0.65 米

龛立面为长方形，平面呈近半圆形，内弧壁平顶。

正壁坛上造一佛二菩萨，均结跏趺坐于仰莲圆座上，有内圆外尖桃形头光和双重圆形身光。主尊为药师佛，发分九层，条状盘绕，从下至上渐次变窄，头顶前方中央雕髻珠。面部方圆，双眼半睁下视，钩形长耳。颈部雕两道宽蚕纹。内着僧祇支，于胸前束带系结，着双领下垂式袈裟，左肩垂二窄带系结拉起袈裟一角。左手托钵于腹前，右手置膝上。

主尊左、右两侧分别为日光菩萨、月光菩萨，均绾高圆髻，戴卷草纹高圆冠，冠表面各饰一条联珠璎珞，冠两侧系结。面部长圆，双目半睁下视，钩形长耳，颈部刻两道宽蚕纹，内着僧祇支，下着长裙，披帛覆两肩，并于腿前横过，搭绕对侧小臂后垂于体侧。戴双重环状项圈，于胸前中央垂饰三道短流苏。双腕饰宽环状腕钏。日光菩萨左手托日轮于腹前，其下有云头承托，右手抚右膝，身体朝向右前方。月光菩萨左手抚左膝，右手托月轮于腹前，其下有云头承托，身体朝向左前方。

佛及菩萨莲座下方八边形台座相连，中部束腰，上下各有两层叠涩，佛下台座的束腰左右各雕一力士。

一佛二菩萨身光之间又各露一菩萨立像，胸部以下磨平，未雕刻细部，仅露头、颈及胸部中央。绾高圆髻，戴束发冠，面部方圆，双目半睁下视，颈部浅刻三道蚕纹，双肩覆披帛，双手合十于胸口中央。

左右壁近龛口处的高台上各雕二菩萨，向中央主尊而立，大腿以下隐于祥云之后，绾高圆髻，戴束发冠，右侧靠内一身有巾通覆头肩，均披双领下垂式袈裟，下着长裙，腰束带。四身菩萨均戴项圈，披帛覆两肩，绕搭两臂后垂腿前。双手均合十于胸前。

佛头光和身光后飘出一朵巨大祥云，延伸至龛顶，云尾末端系结固定乐器，包括钹铙、琴、笙、排箫、鼓、箜篌。

左右壁顶部各雕一飞天，绾高圆宽髻，戴束发冠，面部方圆，双耳硕大，披帛搭两肩，环状飘于身后，双手各托一圆盘于胸前，其内置圆球状物，身后左右侧祥云环绕。

◎ 东方三圣龛（5号龛）

◎ 东方三圣龛（5号龛）立面、剖视图

第三章　石刻造像　　- 99 -

◎ 药师如来像

第三章 石刻造像 — 101 —

0 20厘米

◎ 药师如来像立面图

◎ 日光菩萨像

◎ 日光菩萨像立面图

◎ 月光菩萨像

◎ 月光菩萨像立面图

● 九龙浴太子龛（4号龛）

明代

龛宽0.84、高1.69、进深0.2米

龛立面为长方形、弧顶，龛较浅，仅容造像。

龛内雕九龙浴太子的佛传故事，龛内正壁中央造一孩童立仰莲座上，光头，面相方圆，双目半睁下视，钩形耳，颈部浅刻三道蚕纹。

上身赤裸，下着短裙，左右各有一细带搭向肩后，跣足而立。右臂弯曲向上，向上伸出食指与中指，余三指相捻。左臂下垂，向下伸出食指与中指，左臂下伸紧贴身体，余三指相捻。

孩童两侧及头顶密集雕刻祥云，左右侧各雕一龙，上方雕九龙，龙身粗壮，密布鳞片，头两侧生角，凡面目清晰者皆双目圆瞪，额部高凸，三角形鼻，颌下生须。左右两条盘曲于祥云之上，龙身向下，昂龙首向主尊，上方九龙仅露头颈，以主尊头顶中央为中心对称排布，头向主尊。

台座分三层，最上层为一由山峦承托的仰莲座，中央束腰；中间为方案，案板两侧下方有卷草状角牙，其下接三层向上方挑出的方形叠涩，底部两侧有三弯足；最下层为一基座，上两层为向上方内收的方形叠涩，其下有卷云状牙条，两侧下部有三弯足。

◎ 九龙浴太子龛（4号龛）

题记

0　　50厘米

◎ 九龙浴太子龛（4号龛）立面、剖视图

● 千手观音龛（1号龛）

南宋

龛宽1.88、高2.62、进深1.10米

龛立面为长方形，平面亦呈长方形，龛顶外高内低。

龛内正壁浅坛上造一菩萨四胁侍，中央主尊为千手观音，跣足站立于三层圆形莲花台座上。像全身残损严重，头、肩及紧贴头部的两只手臂经当代水泥修补。披帛覆两肩，左胸前依稀可见下垂之发尾、缯带，压于左侧披帛之上，内着僧祇支，于上腹束二窄带，下着长裙，腰束带系结，结带分两道交叉垂于双足间。胸口、长裙上可见残存的璎珞。菩萨体前雕二臂，身体两侧各雕二十臂，呈扇形展开，头顶内侧两臂共托一巨大圆轮于头顶上方，圆轮上方左右侧各有一短宽带至龛顶内侧，左侧诸臂可见持物有剑、弓，右侧诸臂持物均不可辨。

主尊台座两侧各雕一山形座，座上各雕一小像，相向朝中央主尊，均残损严重。左侧小像轮廓可辨，腰后束宽带，仰面向主尊，蹲坐姿，双手似怀抱一椭圆形布囊于体前。右侧小像轮廓不可辨识，双腿跪向中央主尊。

正壁与左右侧壁转角前各造一侍女立圆形仰莲座上，头、臂均残，绾高宽发髻，两侧发辫垂肩，下着长裙，腰束二窄带系结，结带分两道飘于身体外侧小腿前。披帛垂覆两肩，于腿前横过，搭绕对侧手肘，飘向龛外，跣足。残损的轮廓显示双手应合十于胸前内侧。右侧侍女内着僧祇支，于胸部束带系结。

左、右壁中部对称各线刻碑一通，均为覆莲形顶，竖长方形碑身，仰覆莲基座，字迹不存。

◎ 千手观音龛（1号龛）立面、剖视图

第三章 石刻造像 - 111 -

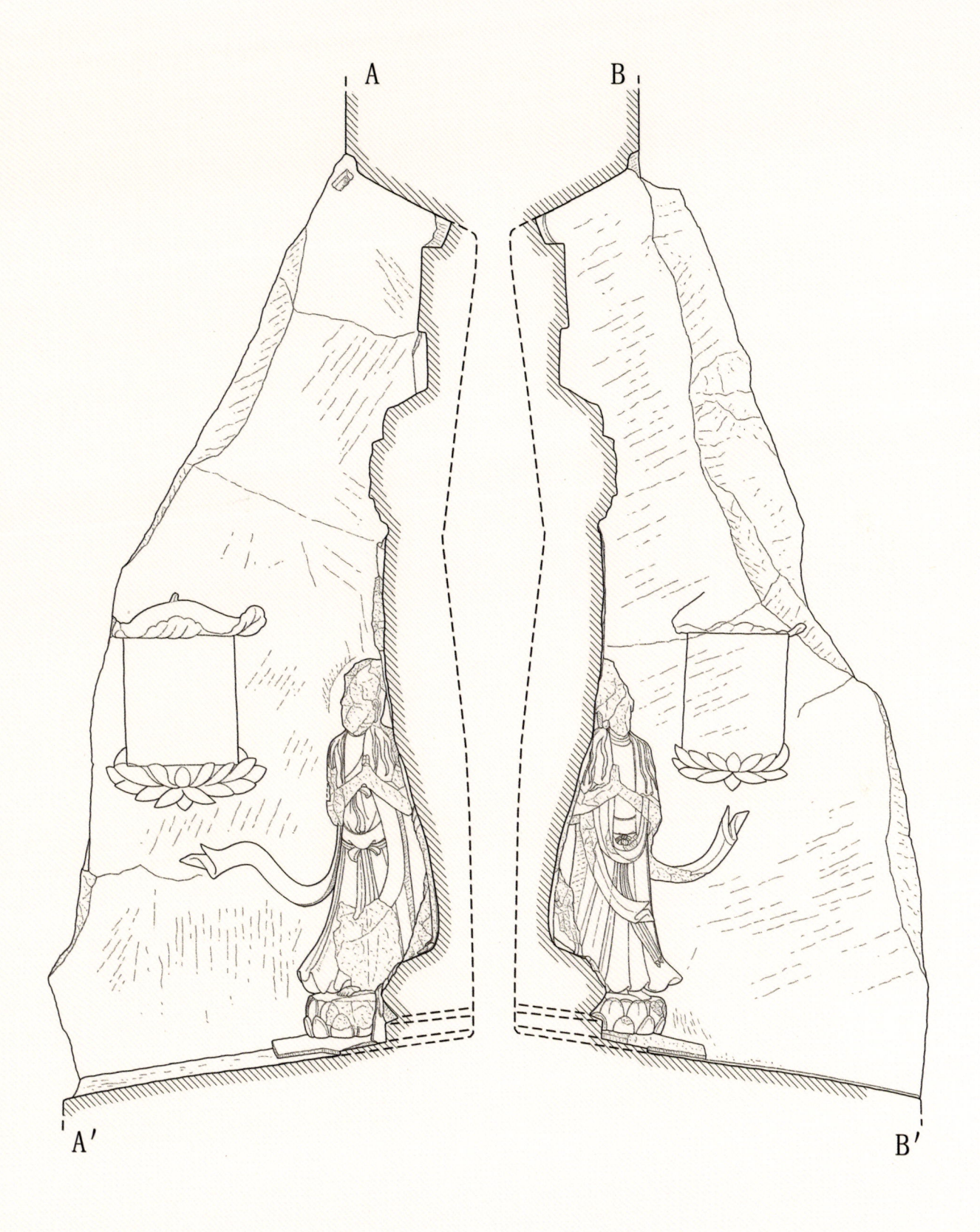

◎ 左右两侧胁侍像立面图

◎ 千手观音龛（1号龛）

佛说法像龛（7号龛）

南宋

龛宽1.07、高1.2、进深0.45米

龛立面为长方形，平面呈半圆形，内弧壁斜顶。

正壁前造一佛，结跏趺坐于龛底，风化严重。圆形头光，头光顶部中央及中、下部两侧各雕一簇火焰。肉髻宽扁，呈粗大颗粒，头顶前方中央雕髻珠，额心饰白毫，面部丰腴，双目半睁下视。颈部雕两道宽蚕纹，内着僧祇支，外着双领下垂式袈裟，搭覆左肩及双腿，垂于龛底前。左手置左腿上，右手举胸前，头略前低。

左壁外侧底部雕一小像，立仰莲圆台上，身体朝向右侧，头不存，风化严重，可见下着长裙，披帛覆搭两肩，于腿前横过，搭绕对侧小臂，垂于身体两侧，双手合十胸前，台座雕两层仰莲瓣，底部中央有粗莲茎，伸向正壁山石后。

龛底下方雕长斜条形山石，山石前雕莲池，池内长出莲叶、莲蕾、莲蓬，池右侧山石上向主尊蹲踞一鹿。

◎ 佛说法像（7号龛）

罗汉群像（5号石北面西侧）

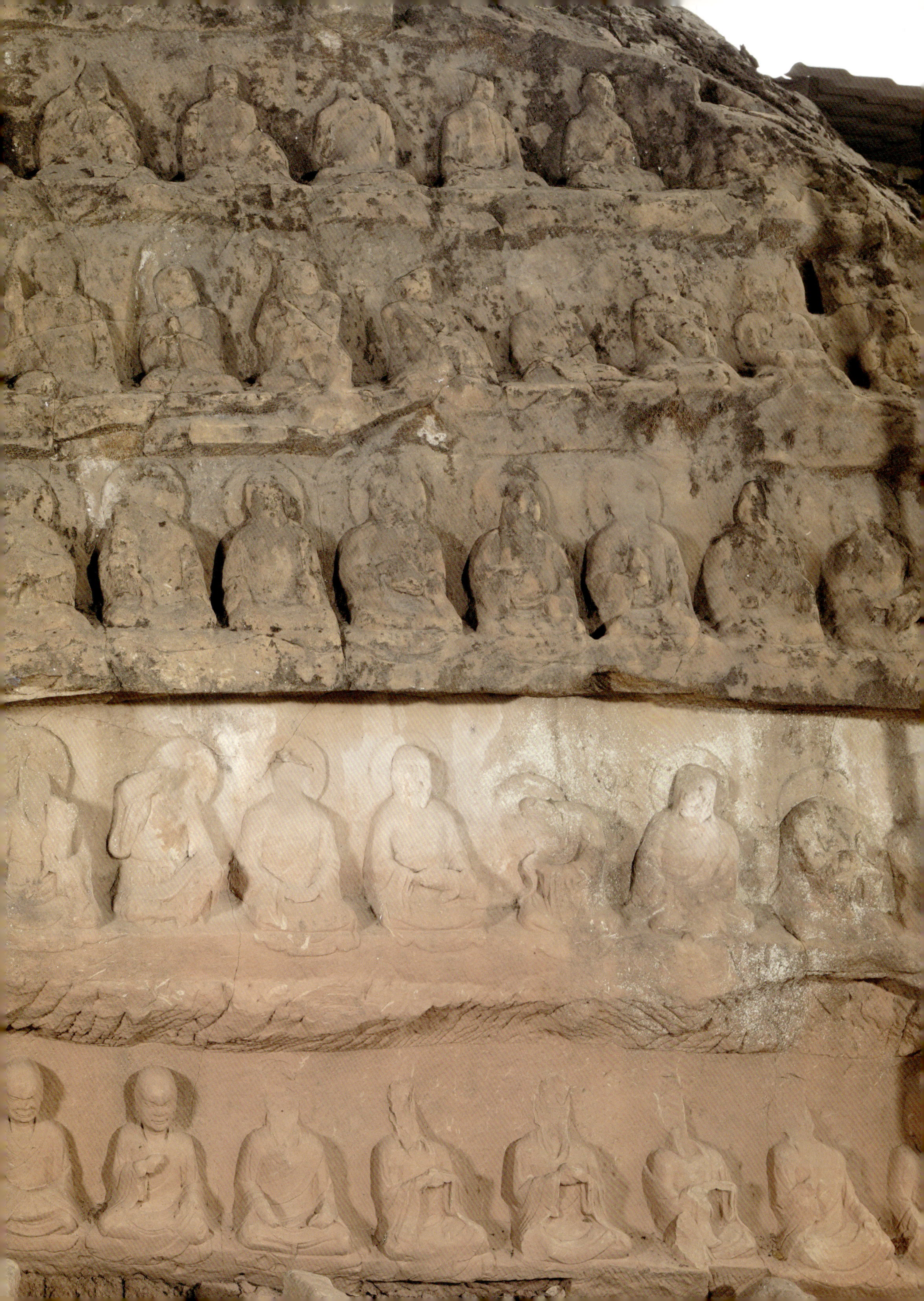

◎ 罗汉群像（5号石东北角）

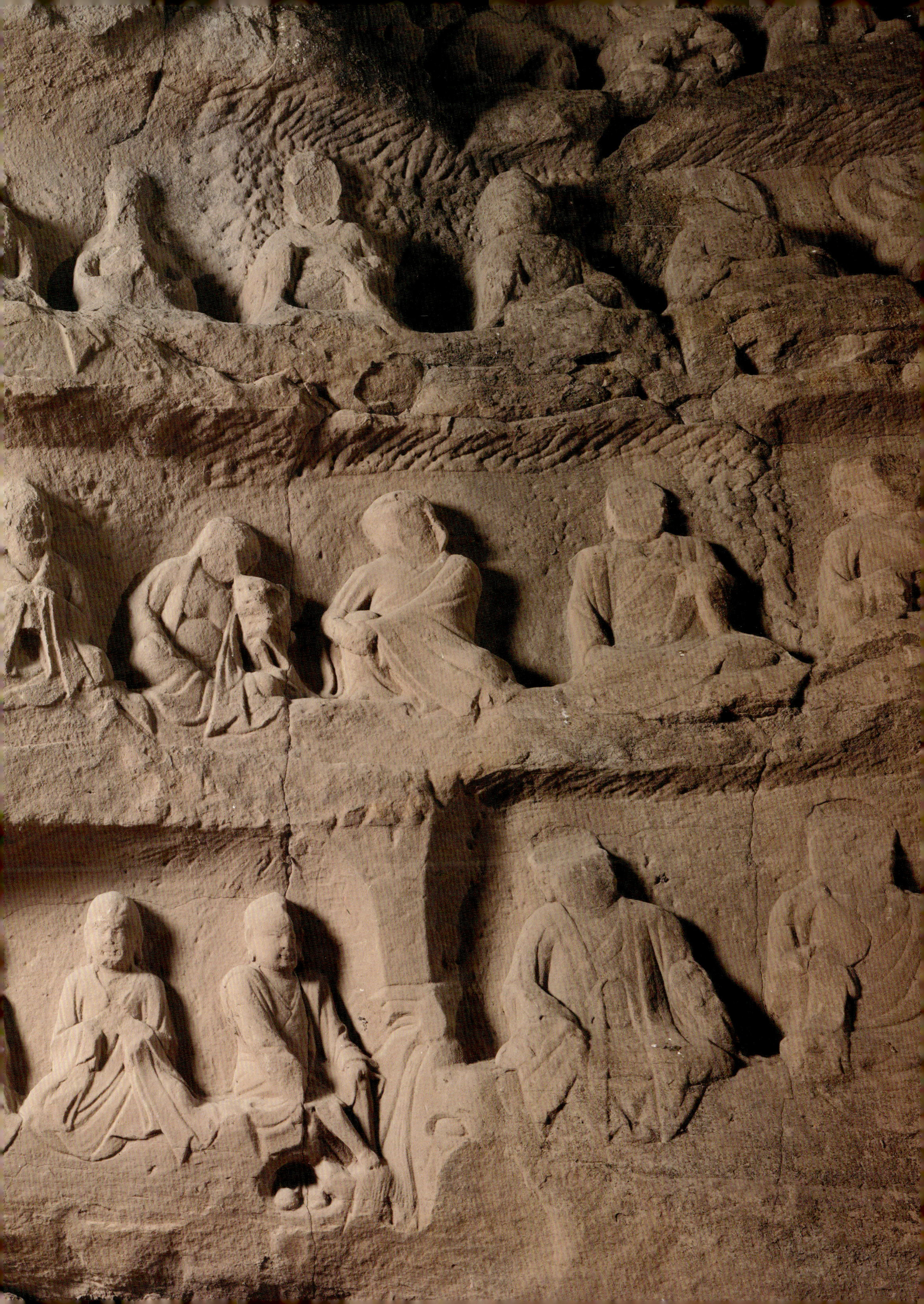

◎ 罗汉群像（5号石东面下部）

◎ 罗汉群像（5号石北面下部）

第三章 石刻造像 - 123 -

◎ 罗汉群像（5号石北面下部）

◎ 罗汉像和立面图（一）

第三章　石刻造像   - 125 -

◎ 罗汉像和立面图（二）

◎ 罗汉像和立面图（三）

第三章 石刻造像　－127－

◎ 罗汉像和立面图（四）

二、圆雕造像

● 佛头像（2017JSSH6∶1）

南宋

宽37—41、高52厘米

头顶满布螺发，正中有髻珠。面长，额平，弓形眉，眉心有白毫，细长目，微睁下视，眼尾上扬，鼻残，嘴角微上翘，椭圆形双耳硕大，耳垂长。

0   12厘米

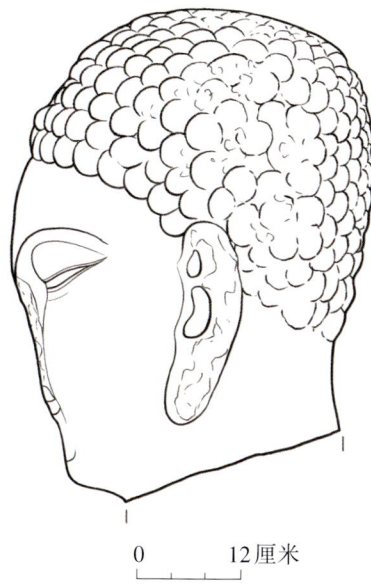

● 佛头像（2016JDS采：45）

明代
宽16—38、高54厘米

高肉髻，头顶满布螺发，正中有髻珠，面部方圆，眉如弯月，眉毛前部拱起，眉心有白毫，双目细长平直，微睁下视，高直鼻，唇线清晰，嘴角微翘，双耳较大呈椭圆形，长耳垂，刻有双下巴线。

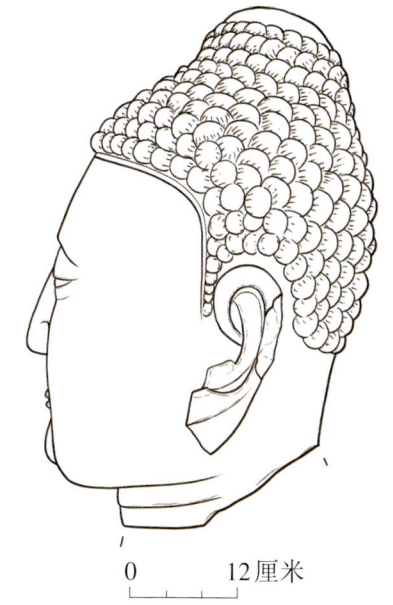

● **佛头像**（2016JDS采：47）

明代

宽16—38、高56厘米

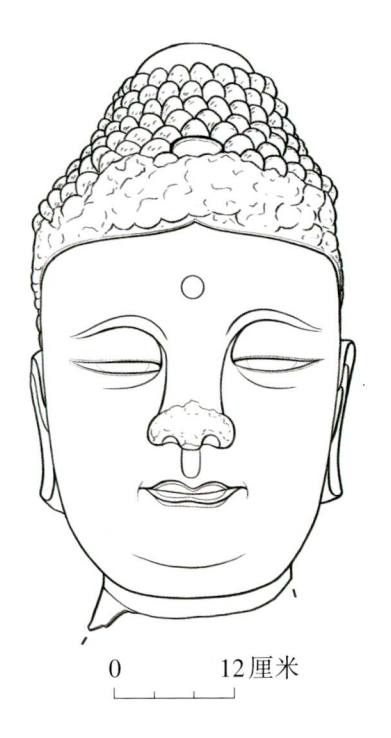

高肉髻，头顶满布螺发，正中有髻珠，面部方圆，额平，眉如弯月，眉毛前部拱起，眉心有白毫，双目细长平直，微睁下视，高直鼻，鼻头略残，嘴角内凹微翘，双耳较大呈椭圆形，长耳垂，刻有双下巴线。

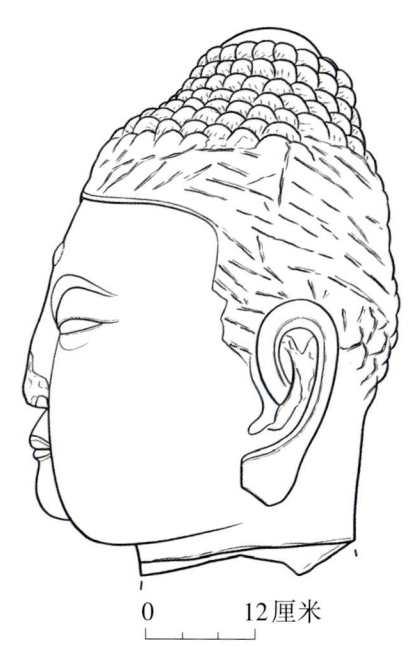

● **佛头像**（2016JDS采：48）

明代

宽19—37、高42厘米

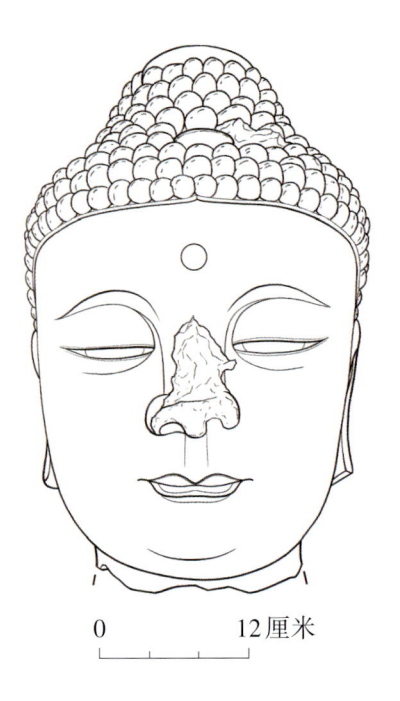

高肉髻，头顶满布螺发，正中有髻珠。面部方圆，额平，眉如弯月，眉毛前部拱起，眉心有白毫，双目细长平直，微睁下视，鼻残，嘴角内凹微翘，双耳较大呈椭圆形，长耳垂，下颌略突出，刻有双下巴线。

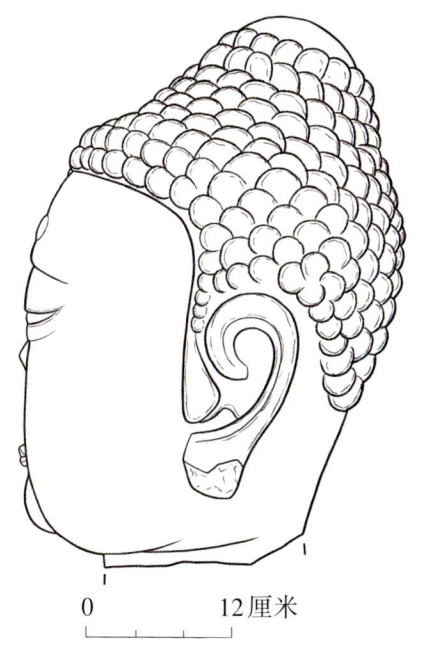

0　　　12厘米

● **佛头像**（2017JSSTN07E14②：1）

明代

宽10—14、高19厘米

高肉髻，头顶满布螺发，正中有髻珠。面长，额平，弓形眉，眉心有白毫，细长目，微睁下视，高直鼻，鼻头略残，嘴角微上翘，双耳硕大，耳垂长，刻有双下巴线，颈部有蚕纹。

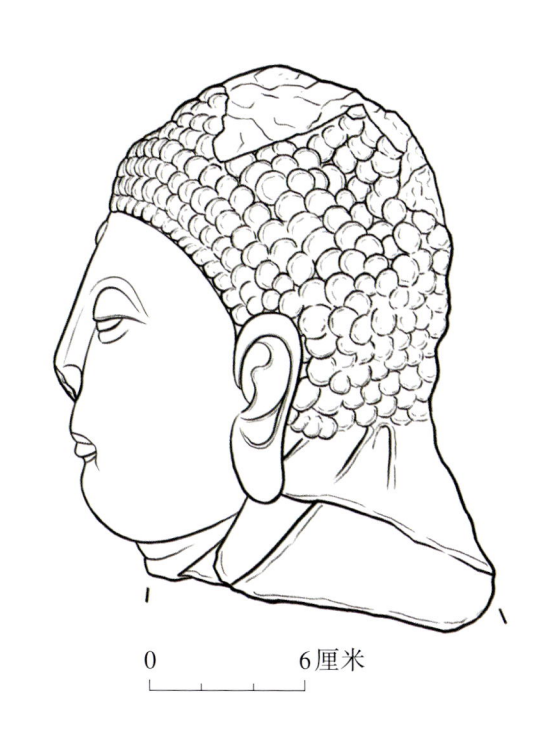

● 菩萨头像（2018JSSH9：6）

南宋
宽43、高29.5厘米

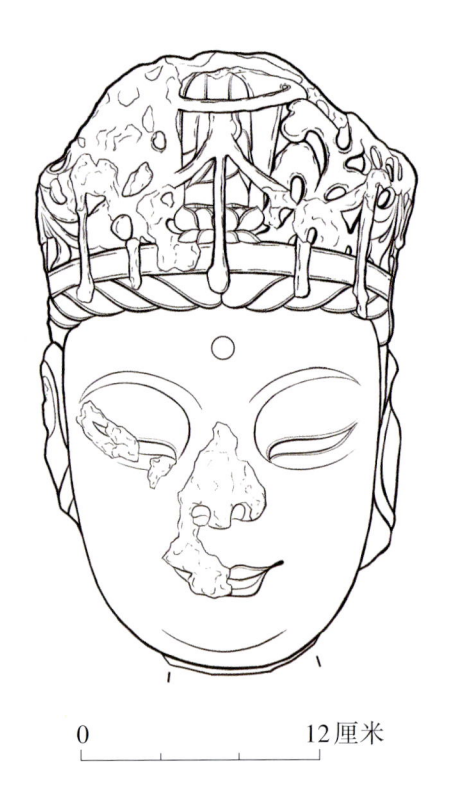

头戴花冠，冠上部稍残，冠中部有一站立化佛，化佛头部已残，花冠上饰有璎珞，冠下露出一周额发，冠带垂至耳旁。面部方圆，眉如弯月，眉心有白毫，双目细长平直，微睁下视，眼角上扬，鼻、嘴残，嘴角翘起，双耳较大呈椭圆形，长耳垂，刻有双下巴线。

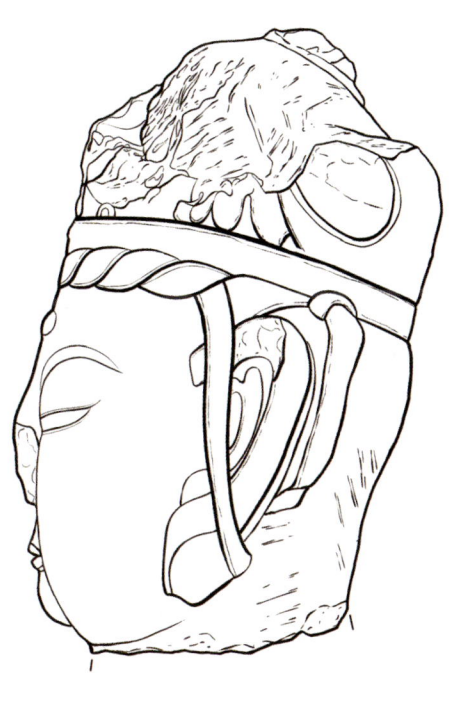

0　　　　　　12厘米

● 菩萨头像（2016JDS采：46）

南宋

宽13—25、高44.8厘米

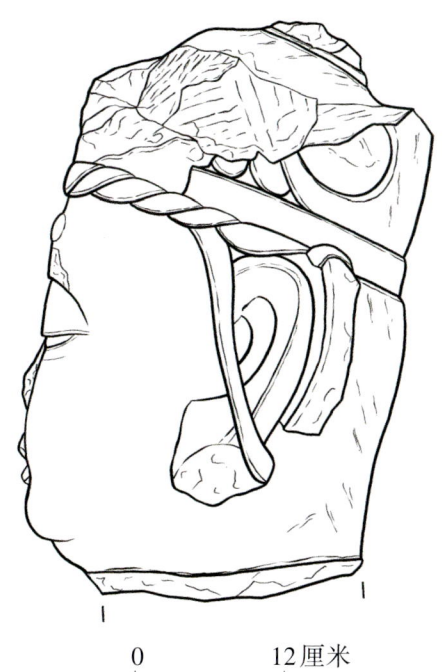

头戴花冠，花冠已残，冠下露出一周额发，冠带垂至耳旁。面部方圆，眉如弯月，眉心有白毫，双目细长平直，微睁下视，眼角上扬，鼻残，唇线清晰，嘴角微翘，双耳较大呈椭圆形，长耳垂，刻有双下巴线。

● **罗汉头像**（2018JSSTS06E09①：13）

南宋

宽12、高18厘米

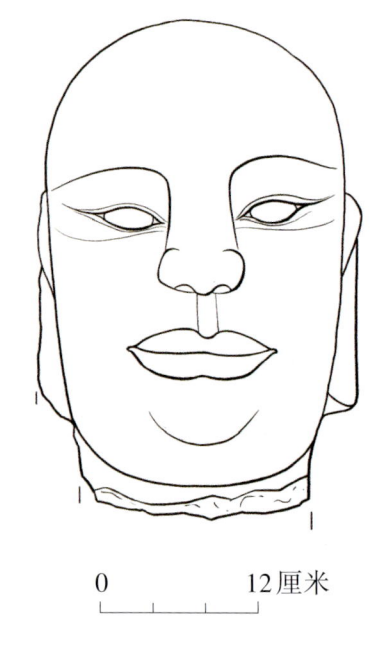

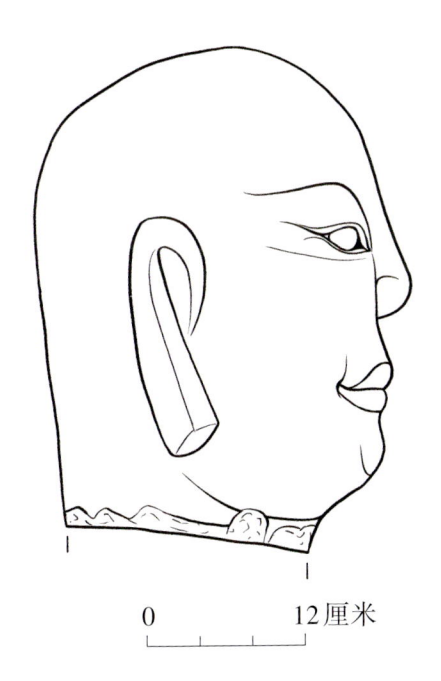

光头，面部较长，椭圆形脸，双颊略平，细长眉，双目圆睁，眼尾细长，高直鼻，鼻头圆润，阔嘴，嘴角上扬，双耳硕大，长耳垂。刻有双下巴线。

● **童子头像**（2018JSSTS06E09④：10）

南宋

宽14.2、高20.5厘米

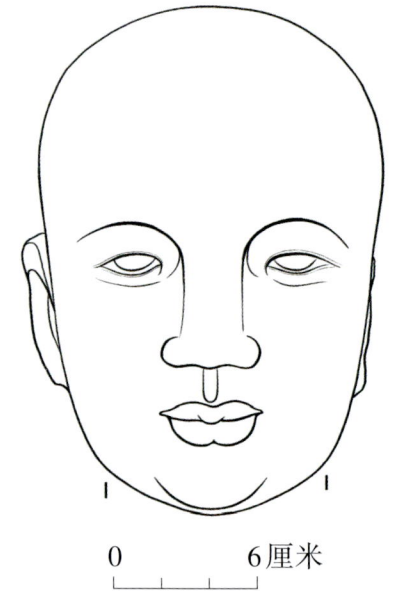

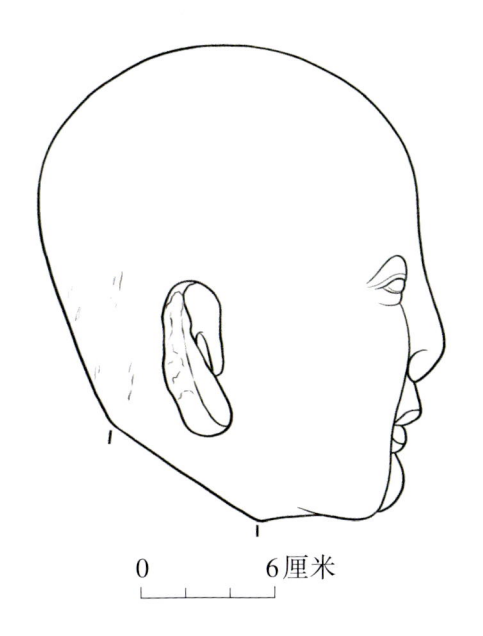

光头，面部较长，双颊略平，细长眉，双目圆睁，眼尾下撇，宽鼻，小嘴，嘴角上扬，双耳硕大，长耳垂。刻有双下巴线。

● **力士头像**（2018JSSH10：3）

明代

宽17.6、高20.8厘米

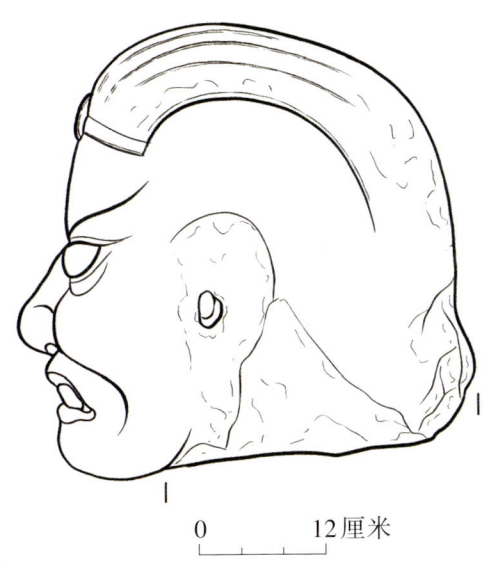

头发后梳，额顶束带，束带中部有一圆珠，面部方圆，皱眉，眉尾上竖，怒目圆睁，鼻头圆润，阔嘴微张，嘴角向下，口露两颗獠牙，双耳较大，耳垂长。

● 神官头像（2018JSSTS06E09①：64）

明代

宽15.6、高25.2厘米

头戴四梁冠，冠前中下部有一个圭形牌饰，两侧有云头纹。面部方圆，横眉，眉头紧锁，双唇紧闭，上唇两侧有两绺胡须。

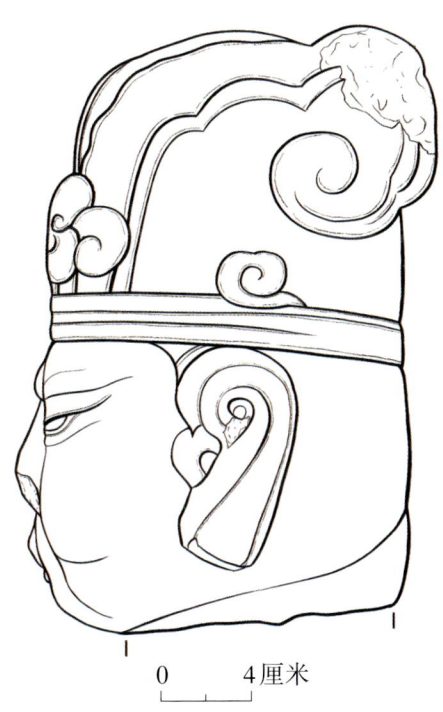

0　　4厘米

● **神官头像**（2018JSSTS06E09①：68）

明代

宽14.6、高22.6厘米

头戴混元巾，面相方圆，额上刻三道皱纹，粗眉弯起，细目微睁，双唇紧闭，上唇两侧有两绺胡须，嘴角微翘，双耳较大。

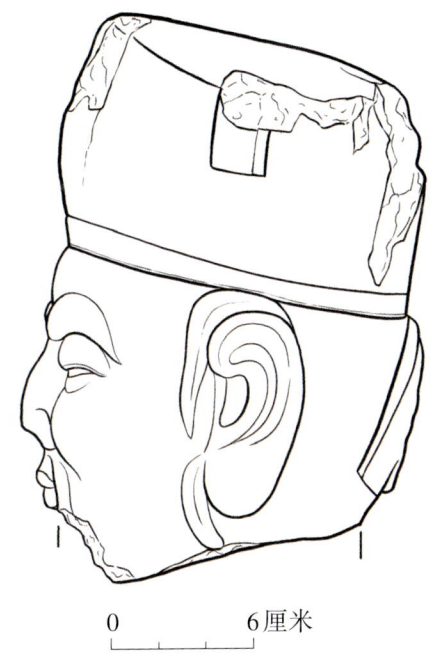

菩萨坐像（2016JDS采：1）

南宋

宽86.4、残高82.4厘米

仅存上半身，头颈及腿部已残，从中间裂为两半。两肩侧面各垂下一股发辫，内着僧祇支，外着袈裟，袈裟一角系于左肩垂下的哲那环上，胸前戴项圈，项圈下垂结网状璎珞，腰束带。右臂屈肘上举，右手无存。左臂置于腹前，左手不存。

0　12厘米

● 菩萨坐像（2016JDS采：2）

南宋

宽90、残高95厘米

仅存肩部以下，从中间裂为两半，右腿残，左手无存，右手食指残损。结跏趺坐，不露脚，左肩垂下三股发辫，右肩垂下一股，内着僧祇支，外着袈裟，胸前佩戴项圈，项圈下垂璎珞，腰束带作结。左臂屈肘向上，右臂下垂，右手五指并拢置于腿上，手心朝上。

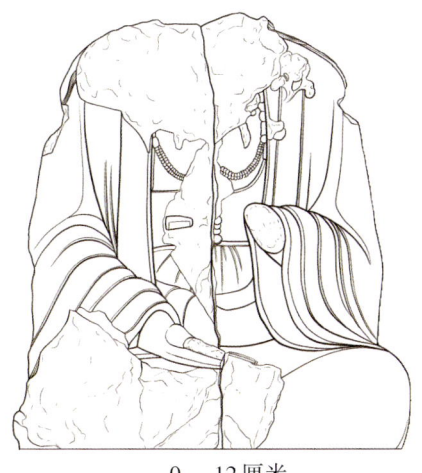

0　12厘米

● 佛坐像（2016JDS采：3）

南宋

宽106、残高49.2厘米

仅残存下部，结跏趺坐，袈裟下摆呈圆弧形。右手拇、食两指相捻，手心朝上置于腿上，左手拇指微张，四指并拢置于右脚上。

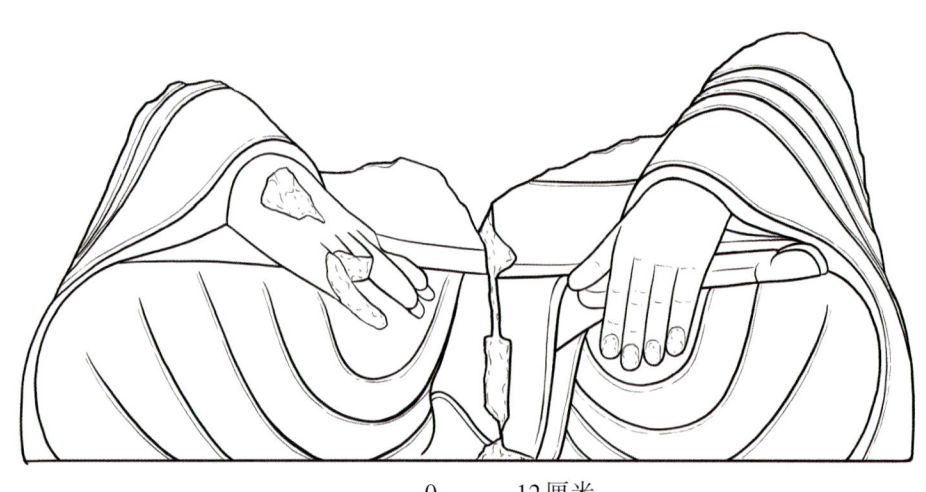

● 佛坐像（2016JDS采：4）

南宋

宽107.8、残高86.6厘米

仅残存下部，施禅定印。袈裟两侧垂于两臂外侧，袈裟下摆呈圆弧形搭覆于腿上，出露左脚，脚底朝上。

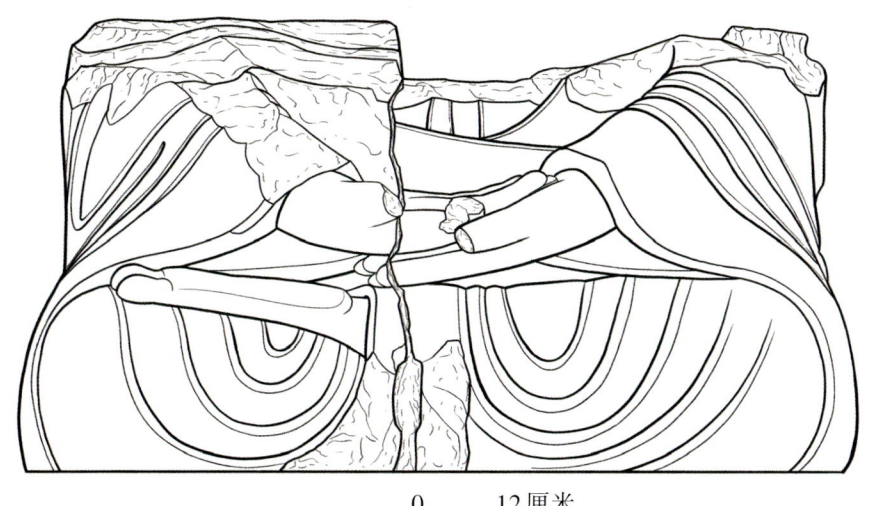

0　　12厘米

● 弟子坐像（2016JDST5③：2）

南宋
宽57.4、残高62厘米

头部缺失，结跏趺坐，着三层衣，内衣及中层衣交领，外着袒右式袈裟，袈裟衣角系于左肩垂下的哲那环上。左肩背后有一圆环，其上挂一袋。双手相交隐于袖中。

0　　12厘米

● **弟子坐像**（2016JDS采：6）

南宋

宽53、残高55.8厘米

头部缺失，结跏趺坐。着三层衣，内衣及中层衣交领，外着袒右式袈裟，袈裟衣角系于左肩垂下的哲那环上。施禅定印。

● **弟子坐像**（2016JDST5 ③：1）

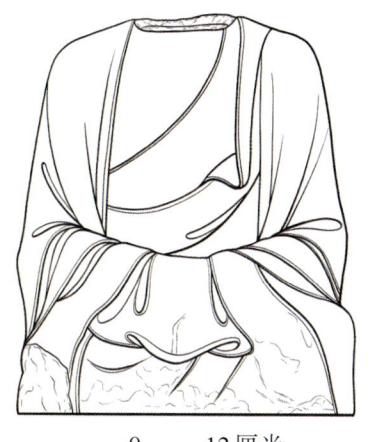

南宋

宽47.6、残高52.2厘米

头部缺失，结跏趺坐。着三层衣，内衣及中层衣交领，外着袒右式袈裟。双手于腹前相交隐于袖中。

弟子坐像（2016JDS采：8）

南宋

宽55.2、残高56厘米

头部缺失，结跏趺坐。着三层衣，内衣及中层衣交领，外着袒右式袈裟，袈裟衣角系于左肩垂下的哲那环上。双臂屈肘下垂置于腹前，右手五指并拢掌心向上，左手已残。

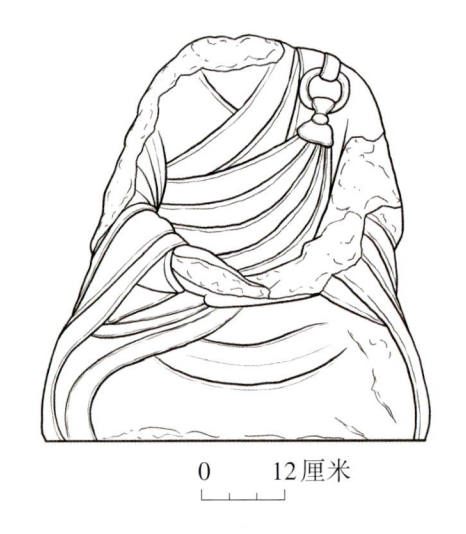

● 双履弟子残造像（2018JSSG4：7）

南宋

宽55.1、残高57.1厘米

造像仅余下半身少许衣纹及台座，顶部有一半圆形凹槽，其内布满凿痕，应为将造像改为香炉所致。上部可见衣摆下垂于台座前端及两侧。台座中间为束腰，束腰下方为多边形台基及山石座，布满凿痕，其上放置一双尖头鞋。

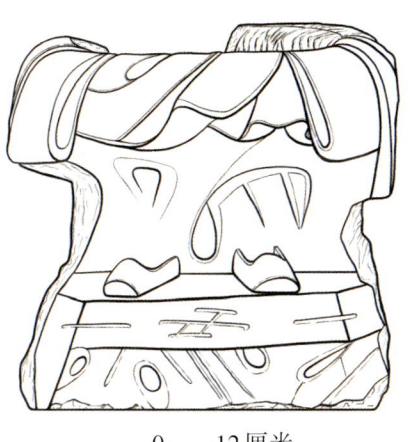

着铠甲装造像（2018JSSTS06E10①：3）

明代

宽64.5、残高67.2厘米

造像坐于台座上，上身已残。腰系带，右手握拳置于右腿上，下着战裙，长裙宽大，双腿间衣纹呈"U"形下垂至台面，裙下出露胫甲，右足后跟微微抬起，左足踏地，均着靴。长方形台座右侧阴刻铭文：大明永乐伍年丁亥岁二/月十七日壬寅吉旦题。

● 着铠甲装造像（2018JSSTS04E10⑧：1）

明代

宽14、残高13厘米

头颈缺失，腿部及以下不存，双手已残。腹部微鼓，着铠甲，双肩披巾于颈下打结，外着披帛，披帛自肩部自然下垂，腰束带，上臂戴披膊，下着甲。背面为磨光弧面，未刻出衣纹。

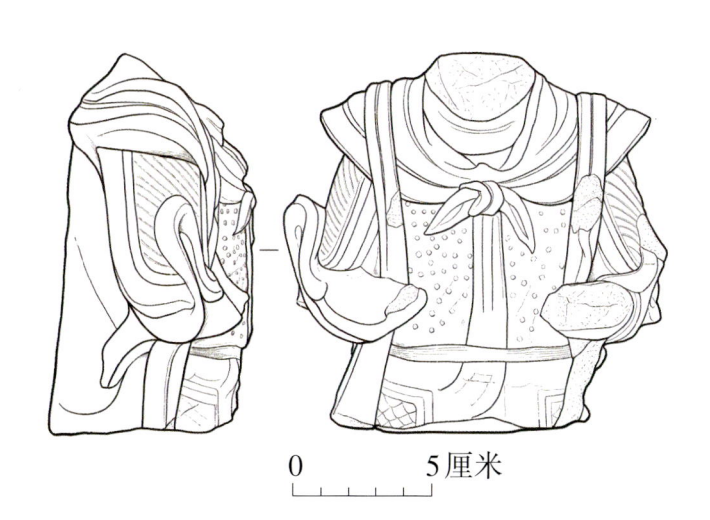

0　　5厘米

● **着世俗装坐像**（2018JSSTS06E10①：27）

明代

宽20—51厘米，残高85厘米

头部缺失。倚坐于长方形台座上，颔下有三绺胡须，颈部戴锁形项圈，双手屈肘交于胸前，手上覆巾，呈桃形垂下，巾上捧一圆钵。着圆领广袖长袍，广袖垂下搭覆于两腿外侧，两腿间有带呈X形交叉下垂，中央有一宽带从腰部垂下，下摆垂至脚面，露出云头鞋鞋尖。

● 着世俗装立像（2016JDS采：13）

清代

宽28—34、残高86厘米

头部缺失，身着圆领长袍，领两边垂有幞头的软脚，宽袖，腰系带，带于腰前系结，右手捧腰带右侧，左手托举条状物，脚穿靴，站立于方形台座上。

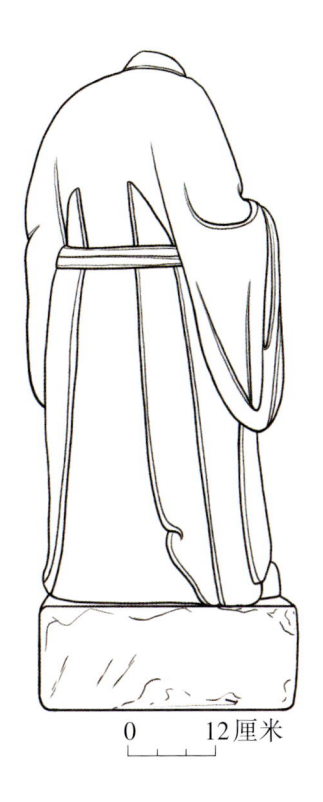

0　12厘米

● **着世俗装立像**（2016JDS采：14）

清代

宽30—36、残高86.4厘米

0　12厘米

第三章　石刻造像　- 173 -

头部缺失，身着圆领长袍，宽袖，腰系带，左手捧腰带左侧，右手托长条形笏板，脚穿靴，站立于方形台座上。

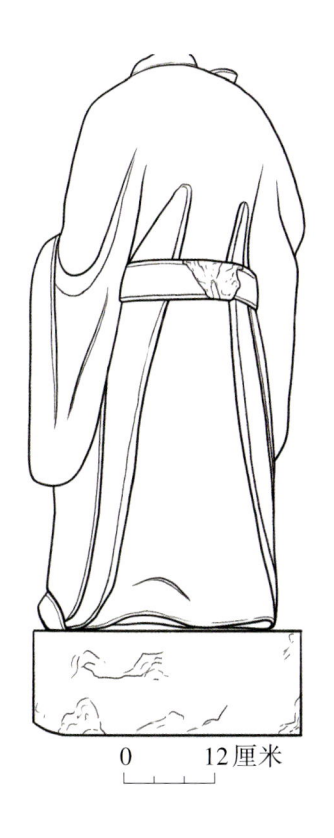

0　12厘米

三、石刻构件

● 经幢构件（2016JDS采：19）

宋代

上部圆柱体直径64、高26.8厘米；下部八边形基座边长40、高43.2厘米

由上下两层组成，上层呈圆柱形，顶部中央有一个圆形榫孔，表面浅浮雕有图像，可分为四组：第一组为二牛抬杠图，两牛间横置一杠，杠后接曲辕犁，其后有一人踏于犁上，二牛前上方还有一圆日，其下饰云纹；第二组为双人追逐像，前一人身体前倾，双臂屈肘前伸，头梳高髻，圆脸，身着宽袖长袍，披帛绕于头后，穿过腰带飘于身侧，后一人双臂展开，右手持一棍状物，弓步向前，作追打状，下着裙，腰系带；第三组为一站立的僧人，光头，身着交领右衽袈裟，双臂屈曲，面向左侧；第四组为两个相向而对的人物，头部、衣饰均模糊不清。

下层为八边形基座，每一边上部均为一长方形框，框内雕刻有如意云头纹；下部为两个长方形框，框内雕刻花卉、卷草等图案。其中三边的上方现存有三组高浮雕人物，均为两个童子一组，可辨的有二童子躬身相抱状、二童子作摔跤状图像。

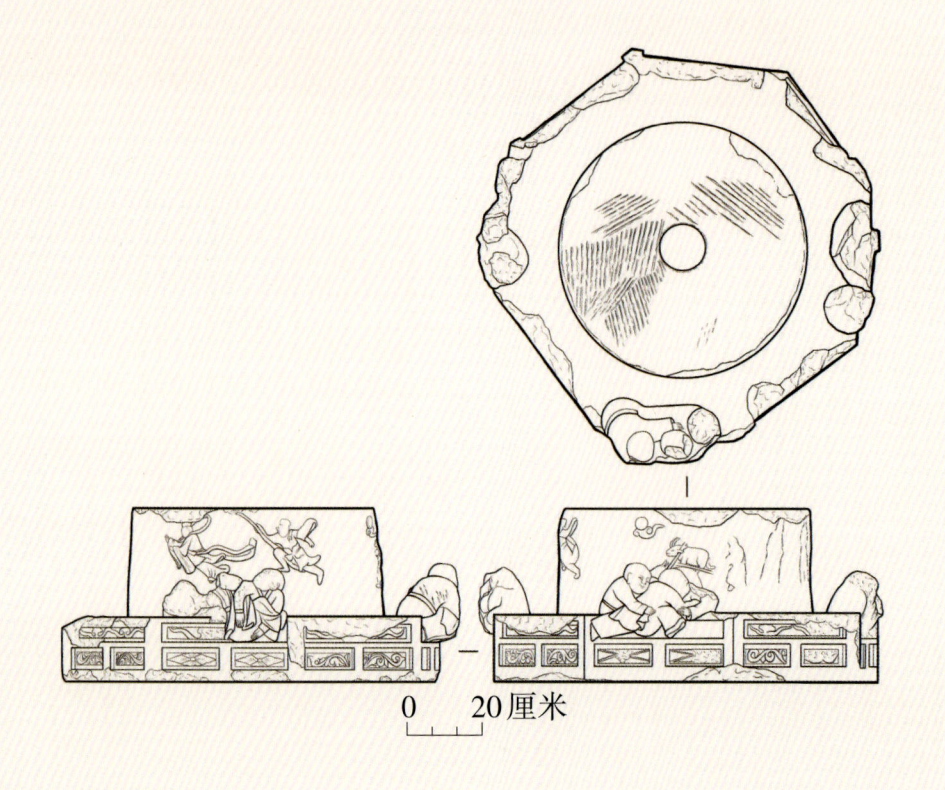

第三章 石刻造像 — 175 —

● **经幢构件**（2018JSSTS03E14④: 2）

宋代

直径69、高24.3厘米

单层圆形，顶部中央有方形榫孔，四周浮雕有两个飞天、两个童子。其中两个飞天相向而对，均头绾高髻，帛带绕双肩，呈"U"形飘于头后，末端穿过腰部飘于身侧，长裙裹足，飘舞于身后，身姿优美。一臂向前屈肘上举，手捧物品，一臂伸展于身后，祥云飘于周身。飞天身后各有一童子，两童子相对而立，站于云头上。

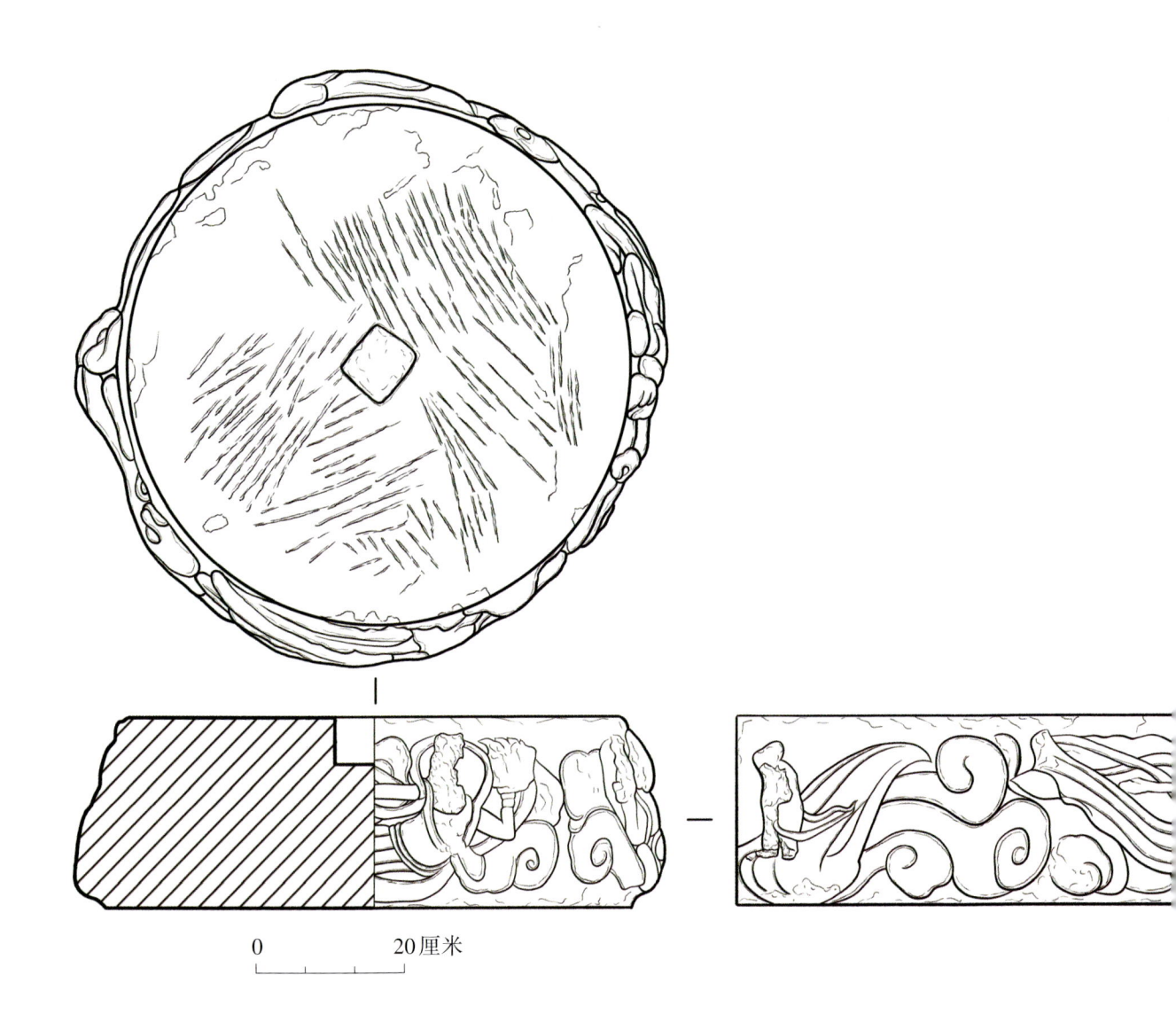

0　　20厘米

第三章 石刻造像

● 展开图

● 经幢构件（2016JDS采：23）

宋代

边长28.8—32.4、高18.4厘米

平面呈八边形，顶部有方形榫孔和六边形浅凹槽，凹槽内存在有规律的凿痕。每一侧边的正面均浅浮雕角柱和勾栏，对角的四个侧面在勾栏外侧各高浮雕一人物，着宽袖长袍，帛带飘于头后作环形，绕双臂垂于体侧，坐姿可辨有跏趺坐、游戏坐。另外四个侧面各浅浮雕两个人物在勾栏内侧做表演状，或牵手相反而奔，或凭栏相对，或扶栏相向而行，或手舞足蹈。

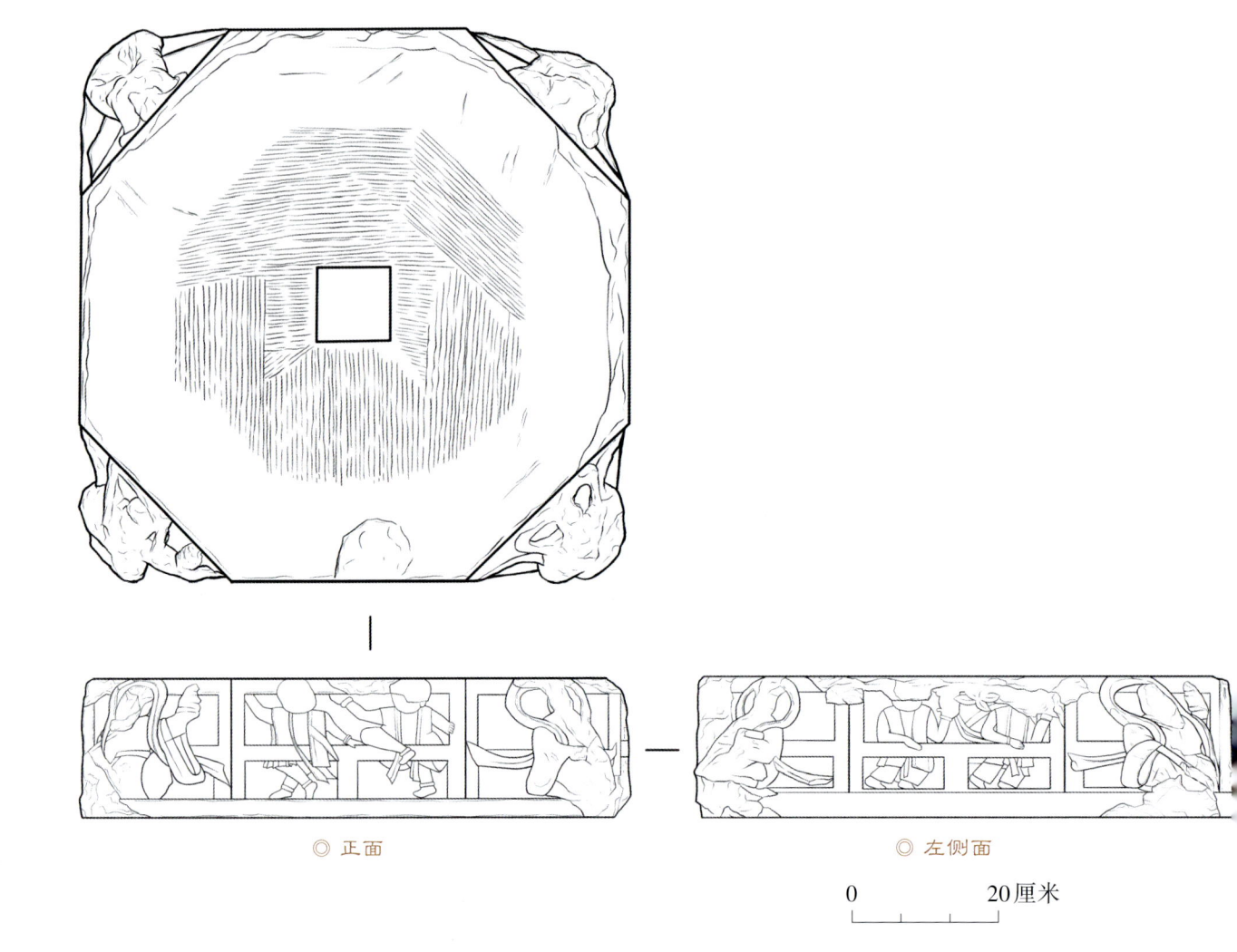

◎ 正面　　　　　　　　　　◎ 左侧面

0　　20厘米

第三章　石刻造像

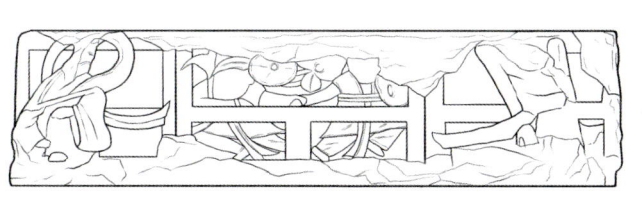

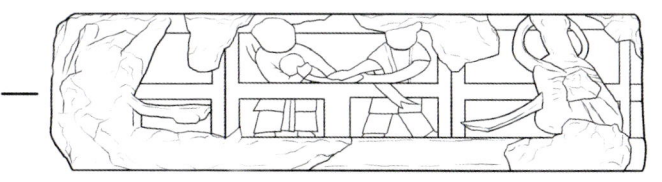

◎ 背面　　　　　　　　　　◎ 右侧面

经幢构件（2016JDST5③：6）

宋代

直径61.8、高34.5厘米

可分为上下两层，上下层均呈圆柱形，以屋檐相隔。顶部有一圆形榫孔。围绕上层柱体底部高浮雕一周弟子像，共十六身，均结跏趺坐于下层屋檐上，台座正面刻划凹棱。以手持环状物者为第一身，头部残佚，着交领袈裟，左手置左膝上，右手置胸前持以环状物；顺时针往后为第二身，头部残佚，着交领右衽袈裟，双手置腹前持钵；第三身头部残佚，着交领袈裟，左手置腹前，右手置胸前，手持一长条状物；第四身面部模糊，着交领袈裟，双手合十置于胸前；第五身头部残佚，着交领右衽袈裟，左手置腿上，右手置腹前，手持一条状物；第六身头部残佚，内着僧祇支，外着双领下垂袈裟，双手隐于袈裟中置腿上；第七身头部残佚，衣着风化模糊，左手置腹前，右手似抚膝；第八身头部残佚，衣着风化模糊，双手置腹前托一圆形物；第九身头部残佚，着交领右衽袈裟，左手置腿上，右手残；第十身头部及肩膀残，似着袒右袈裟，左手置腹前，右手残；第十一身头部、上身残；第十二身头部残佚，衣着风化模糊，双手似持一条状物；第十三身头部残佚，身体风化模糊，似作禅定印；第十四身头部残佚，身体风化模糊，双手置胸前；第十五身头部残佚，身体风化模糊，右手置胸前作无畏印；第十六身头部残佚，双手合十置于胸前。下层上方雕一周屋檐瓦垄，部分残损，下方雕一周莲瓣。

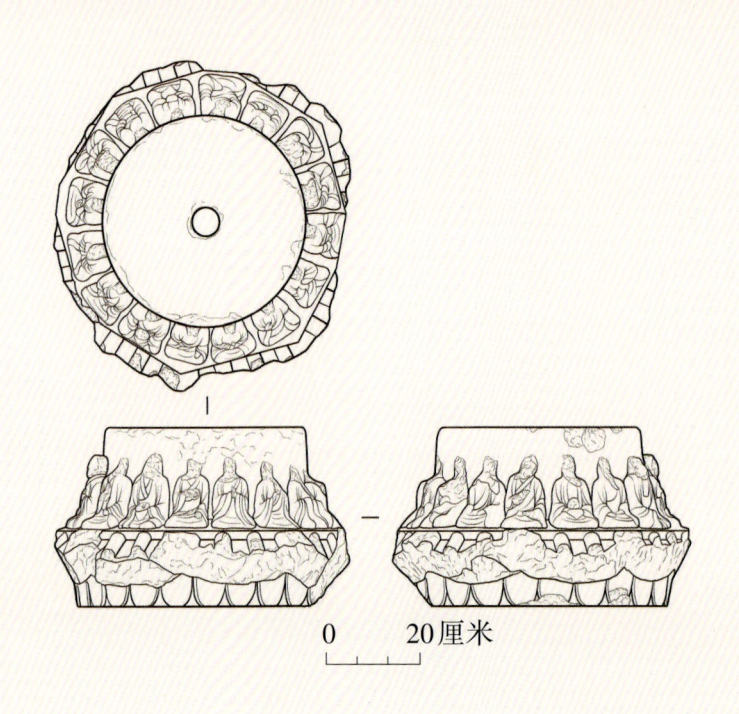

第三章 石刻造像

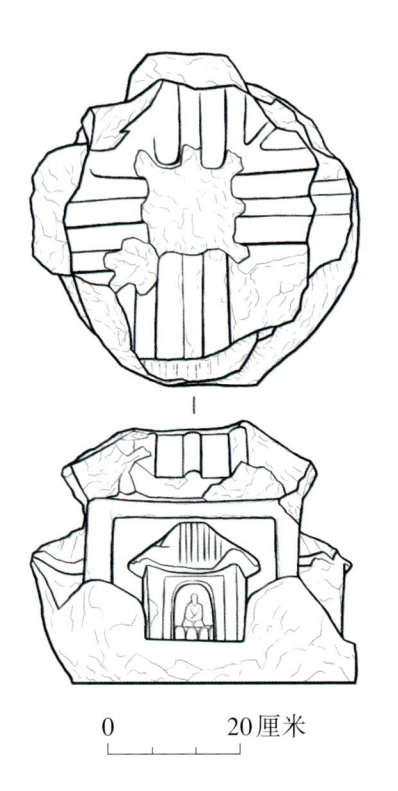

● **经幢构件**（2018JSSTS05E09①：29）

宋代

宽48.6、高38厘米

方形亭阁，庑殿顶，四面的两柱间均有一个小亭阁，阁内各有一个结跏趺坐于仰莲座上的佛像。

● 狮柱（2018JSSTS03E11①∶1）

宋代

宽30.9、高41.5厘米

平顶，柱身雕成蹲直的狮子状，圆眼，宽鼻，阔嘴露齿，口衔绶带，绶带下端系绣球，脖子上挂一圆形铃铛，前肢左爪抚于绣球上，下肢两爪夹绣球下部。狮子下方有一方形基座承托。

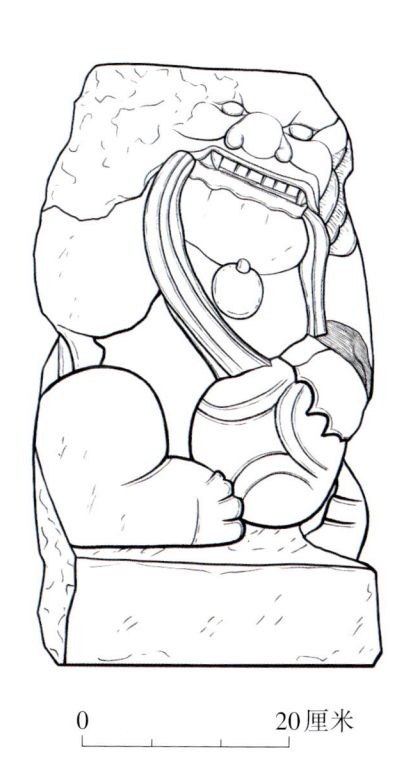

● 香炉构件（2018JSSTS07E09①：19）

明代

长74.2、宽42.6、高26.4厘米

平面呈长方形，平底，顶部凿出一凹槽，布满錾痕。正侧面高浮雕双狮戏球，中部雕绣球，球左右各有一狮，侧身，面向前方，双目圆睁，宽鼻，张嘴露齿，口中衔绶带，绶带于绣球下系结，前肢着地，后肢腾起踏于绣球上方，背部可见鳞片，短尾翘起。其背后有绶带飘扬。左右侧面又各雕一兽，左侧面高浮雕一蹲坐麒麟，头残，前肢直立，后肢跪地，蹄足，身上布满鳞片，尾分三支，周围雕草叶。右侧面高浮雕解豸，侧身昂首，头上有一独角，双目圆睁，头后鬃毛垂下，前肢直立，后肢跪地，蹄足，尾分三支，周围刻草叶。后侧面雕卷云及草叶。

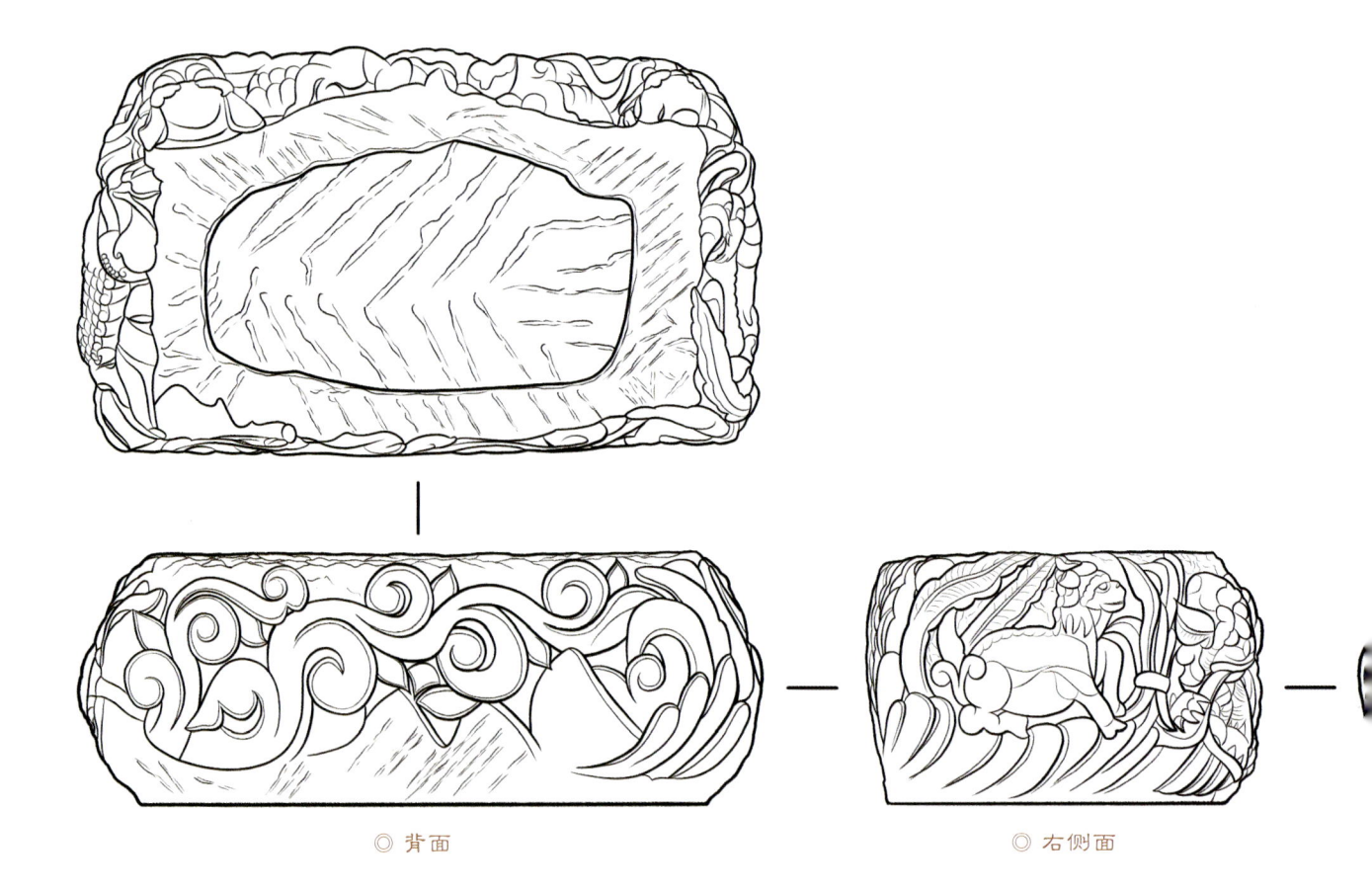

◎ 背面　　　　　◎ 右侧面

第三章 石刻造像

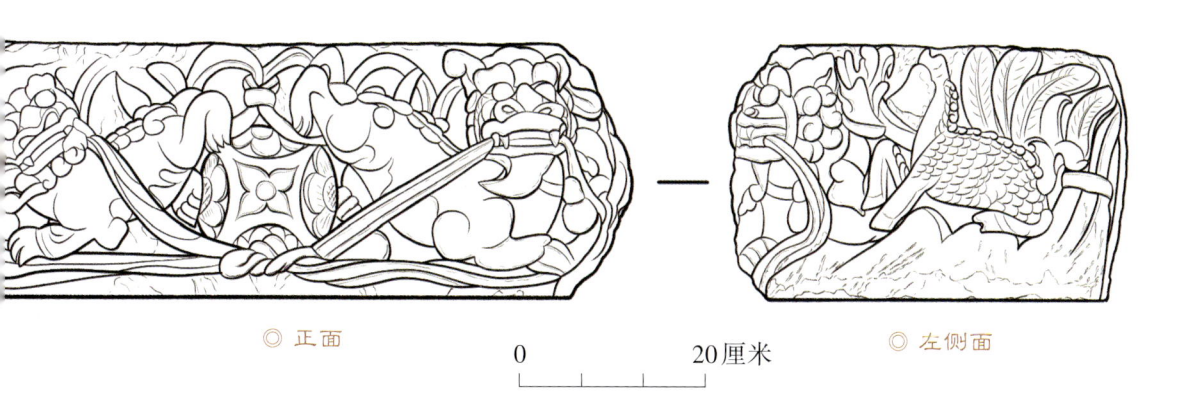

◎ 正面　　　0　　20厘米　　◎ 左侧面

● 香炉构件（2016JDS采：20）

明代

顶部直径34、底部直径64、高20厘米

平面呈六瓣花瓣状，部分缺失。台面中部有一圆形穿孔，内壁布满凿痕。顶部微凸起的花瓣形边缘饰一周莲瓣纹，台面一端竖排题刻"前乙"。圆台外周残存有四个竹节状凸棱，凸棱以六个竹节构成，每两个凸棱间有一个海棠式框，框内饰有不同的缠枝花卉纹样。下部饰一周卷云纹，一个分区内有六朵卷云，竹节状凸棱下沿至卷云分区处饰一颗圆珠，圆珠上饰环纹。卷云纹残存三区，圆珠残存两颗。

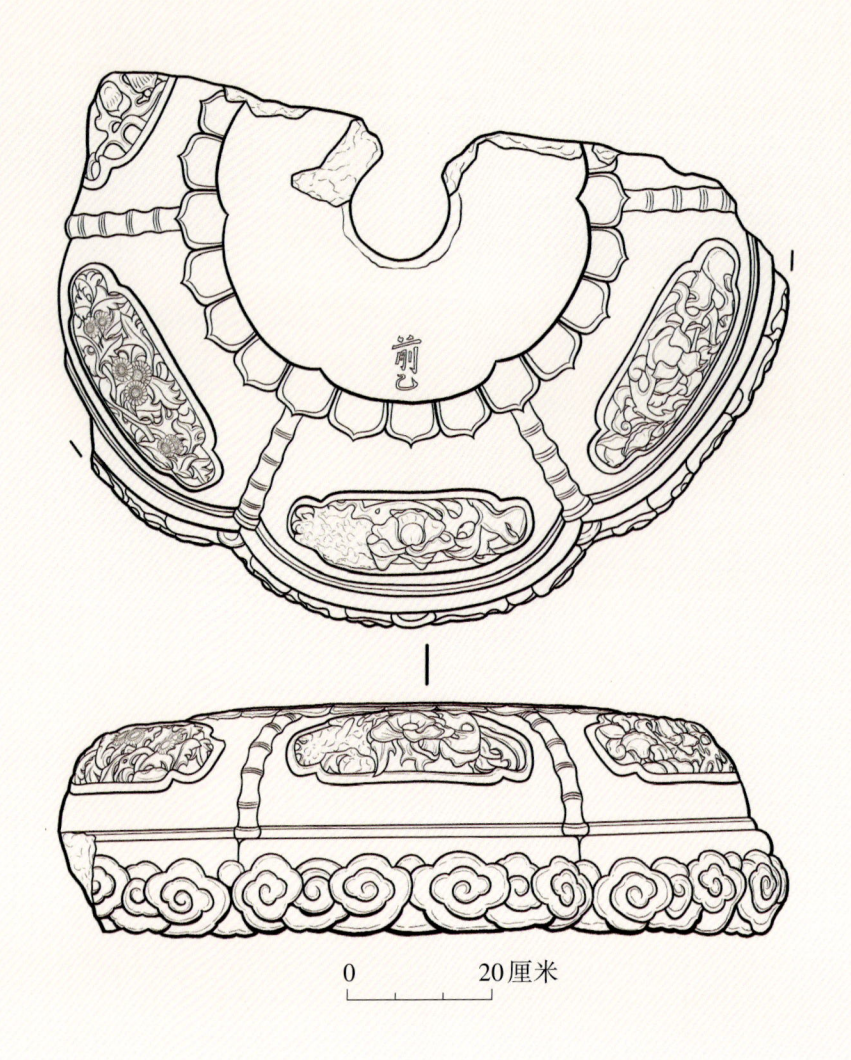

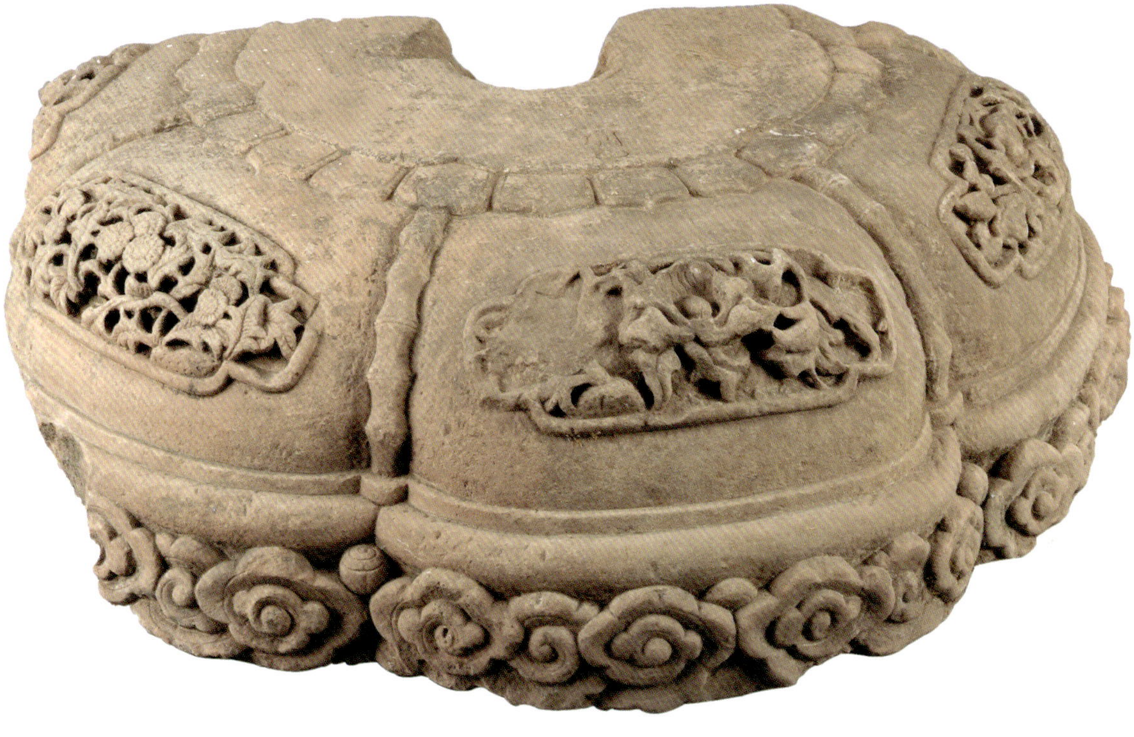

● 香炉盘（2018JSSTS06E09①：49）

明代

长93、宽56.5、高30厘米

呈倒梯形，口大底小，一侧边略有残损。正侧面中间雕刻团花，两侧各有一鸟面向花朵展翅而飞，长尾向上飘扬，其间布满卷草；左右两侧面雕刻卷草及团花；背面素面。底为饼足、平底。足部侧面阴刻卷云及壸门。

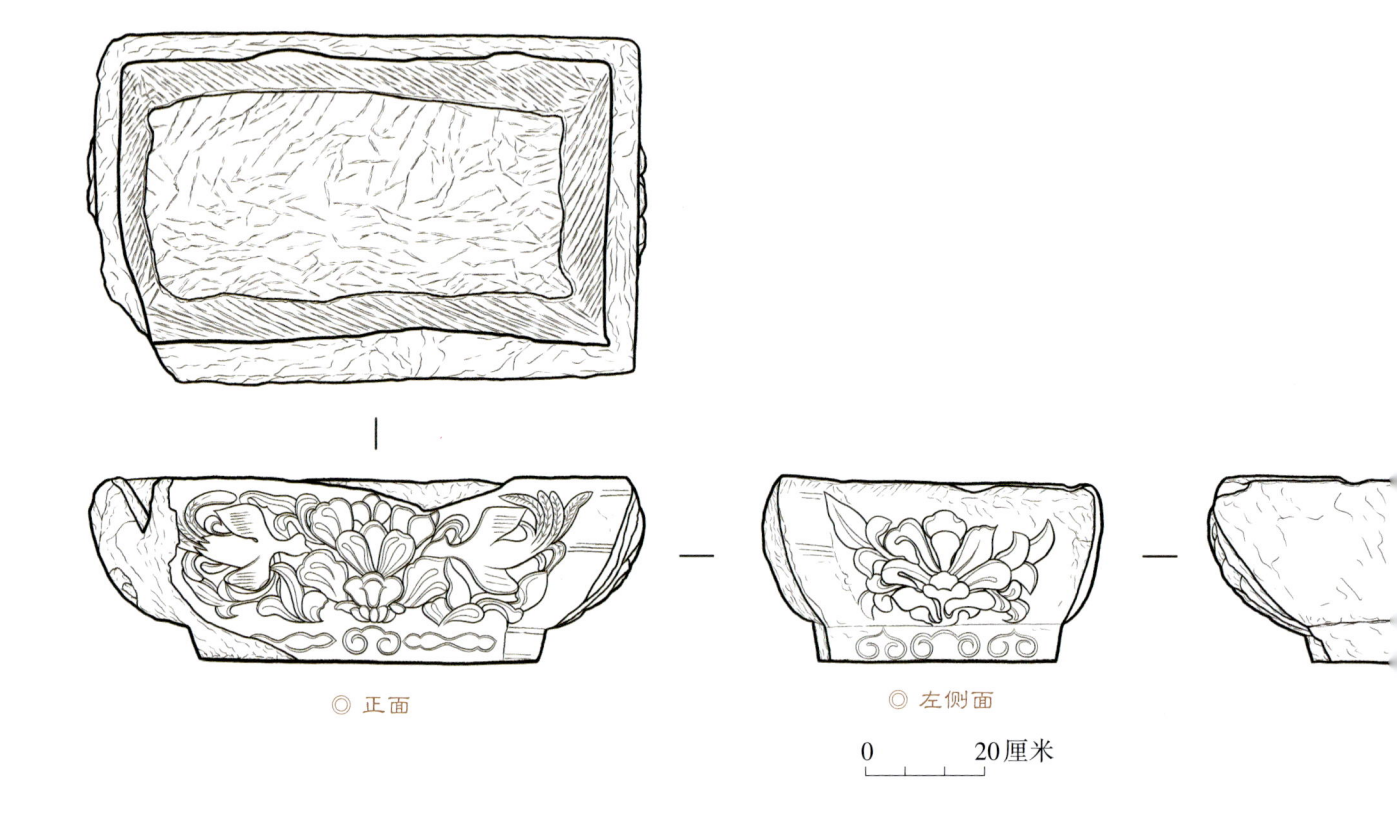

◎ 正面　　◎ 左侧面

0　　20厘米

第三章 石刻造像　- 191 -

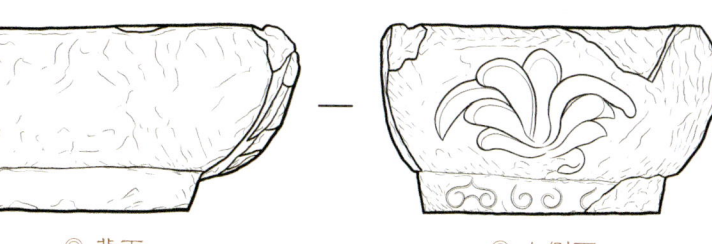

◎ 背面　　　◎ 右侧面

香炉构件（2018JSSTS07E09①：20）

明代

长82、宽66、高22.5厘米

梯形体，顶部有一个椭圆形凹槽，凹槽中央有一个长方形贯通上下。每一侧面用高浮雕、镂空等技法雕刻有图案，正面有莲花、荷叶、化生童子；背面为卷草；两侧面均为花卉。

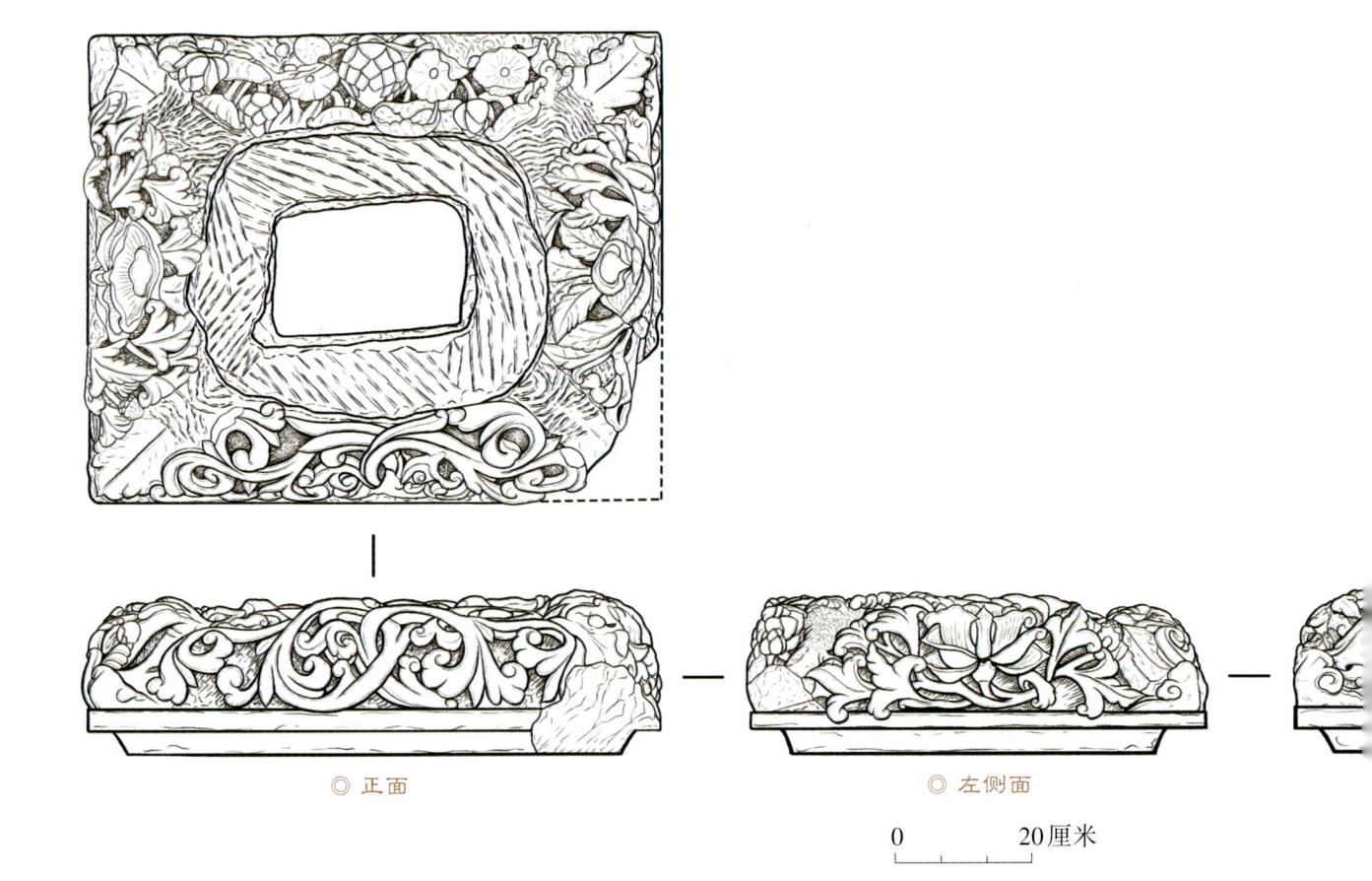

◎ 正面

◎ 左侧面

0　　20厘米

第三章 石刻造像　　- 193 -

◎ 背面　　　◎ 右侧面

● 碑座（2018JSSF5：2）

明代

长106、宽37、高48.5厘米

长方形须弥座状，顶部中央有长条形凹槽。正面及两侧面各垂一块三角形帔，其上饰如意云头纹；束腰部分两侧边有竹节形角柱，束腰正面、帔两侧各饰一个海棠式框；底部圭角呈三弯足状。

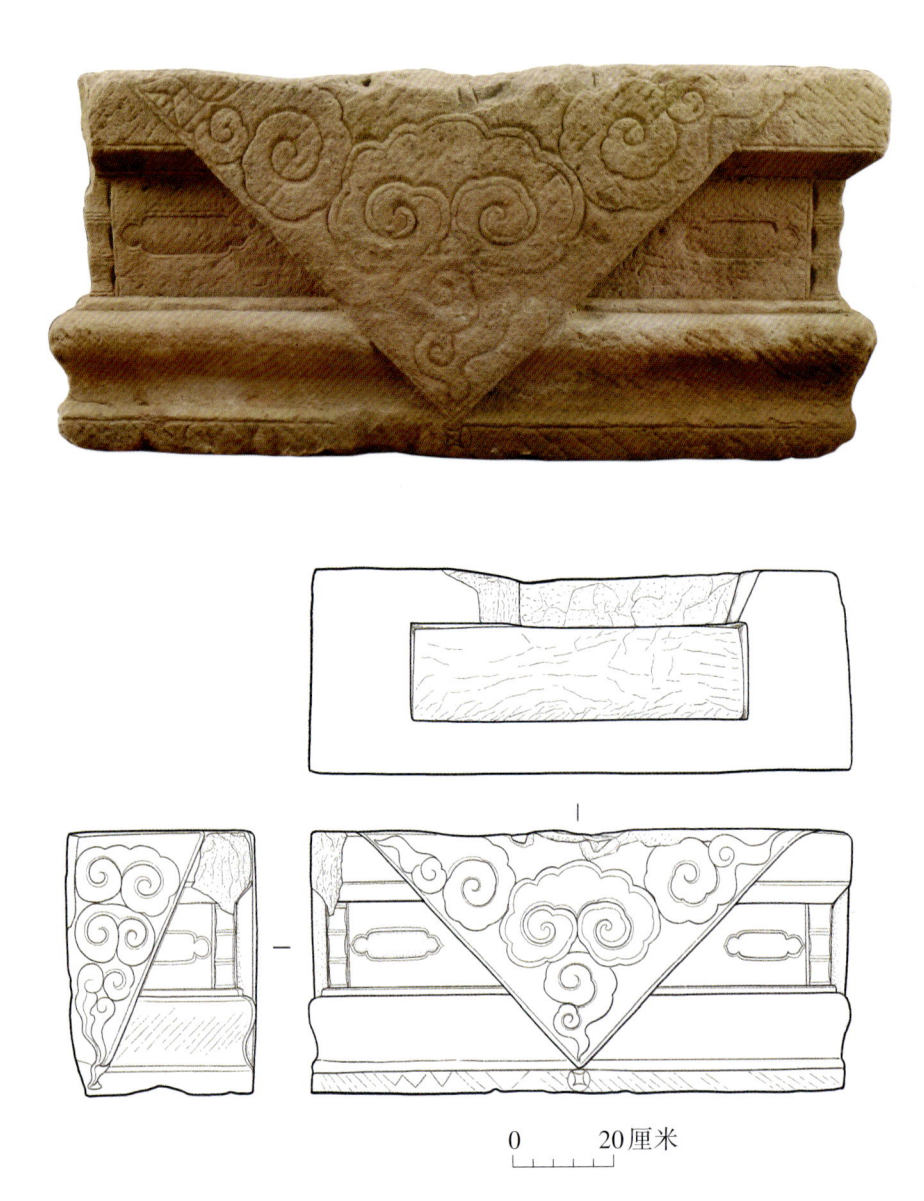

供桌 (2018JSSTS05E10①: 6)

明代

长78.5、宽42、高42厘米

长方形须弥座状，桌面平整，束腰四侧边均有竹节状角柱，束腰正面由一个竹节状短柱分成两个长方形内凹区域，其内各饰一个海棠式框，框内各有一朵八瓣形花，花瓣两侧延伸出屈曲的长条状藤蔓。束腰两侧面各阳刻一海棠式框。圭角正面在两端饰如意云头纹，中间有壸门图案。

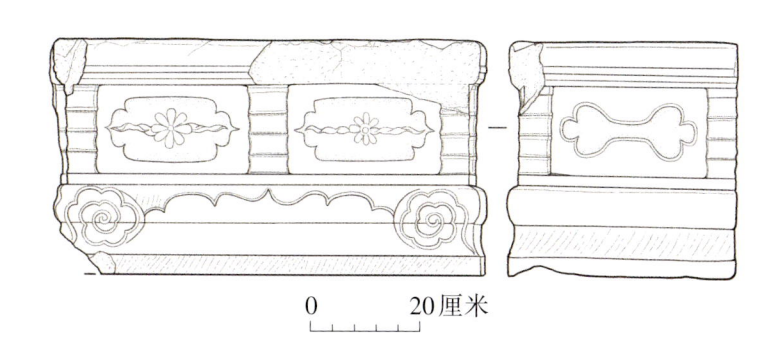

● 基座（2018JSSTS06E09①：35）

明代

长54.2、残宽44、高18.2厘米

方形须弥座，束腰部分的正侧面有高浮雕的狮子、人物等图案，狮子蜷卧于地，头部置于两前腿间，圆耳，圆眼，阔嘴，短尾。狮右侧雕一人作抬举状，以肩抬举上枋，双手置于右膝上，一足屈起，一足后蹬踏于下枋上。人右侧似刻一兽，残损，可见背部鳞片。

● 仰覆莲基座（2018JSSH6①：18）

明代

长111.5、宽40.8、高30.5厘米

呈长椭圆形，中部束腰。仰覆莲均为双层变体莲瓣，外层莲瓣宽大，莲瓣上部为圆弧状折肩，下部收窄，莲瓣内饰有两朵捆束的如意云头纹。二层莲瓣仅露出瓣尖。

● 蟠龙柱础（2018JSSTS04E11③：2）

明代

宽40.5、残高27厘米

由方形基座和蟠龙柱础组成，基座呈凸字形，其上承托蟠龙柱础。柱础平面呈方形，顶部及边缘多已残，四面有一条蟠龙环抱一周，龙圆眼外凸，咧嘴露出獠牙，长吻，吻上有两长须，头后有两角，细长耳，龙身刻满鳞甲，穿梭于云气间，露出两足，足有四爪。

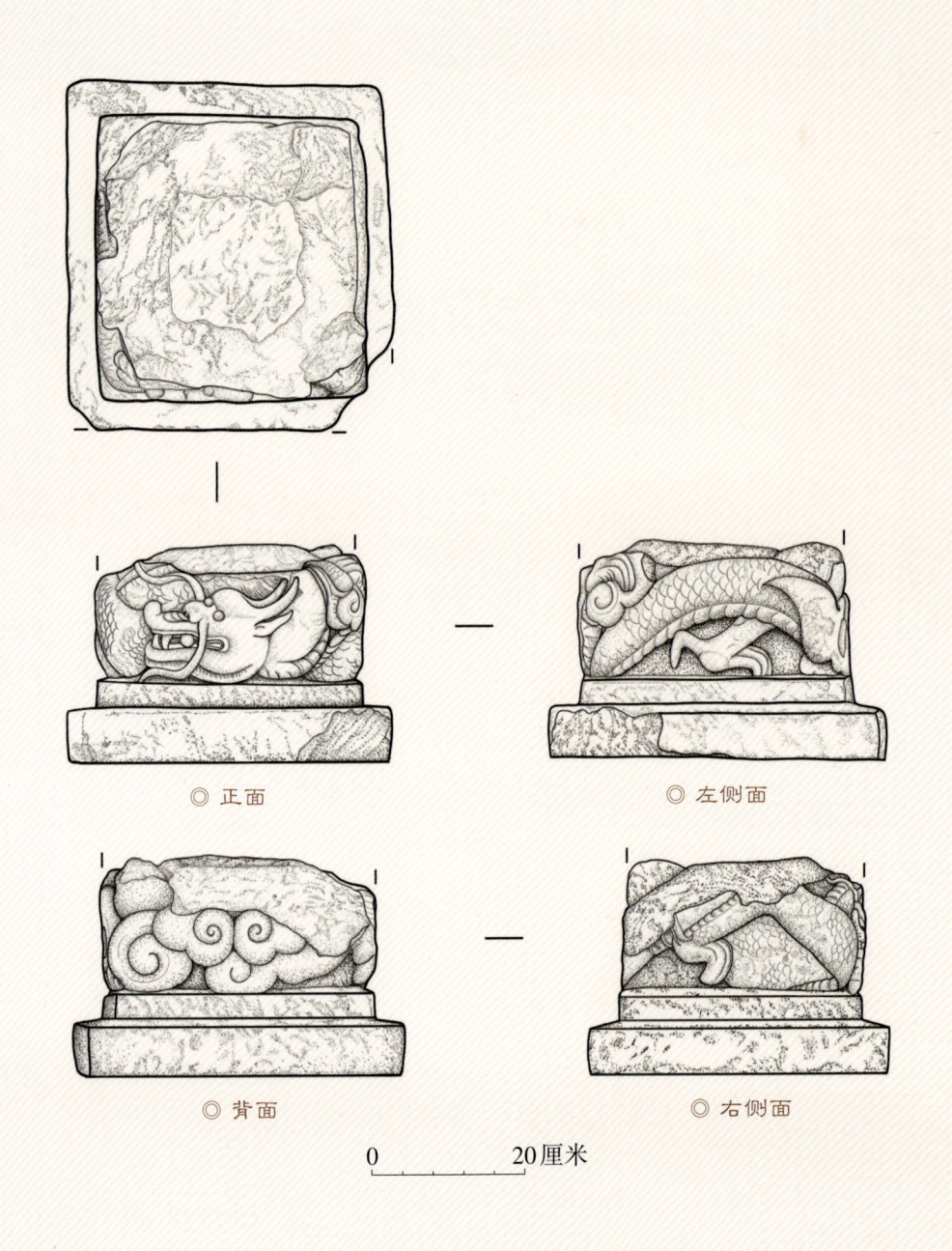

◎ 正面　　◎ 左侧面

◎ 背面　　◎ 右侧面

0　　20厘米

第三章　石刻造像

石狮柱础（2016JDSM4：5、2016JDSM4：01）

南宋

2016JDSM4：5 长27、宽15.2、高18.4厘米；2016JDSM4：01 长27、宽19、高17.3厘米

2016JDSM4：5，石狮柱础。狮子蹲伏于长方形台座上，前肢残，后肢屈曲，头向左侧扭转，双目圆睁，咧嘴露出上排牙齿，吻下有胡须，额上及头部两侧有卷曲鬃毛，腿外侧刻画卷曲鬃毛，短尾卷于背后部。背中部有八棱形凹槽，榫槽与短尾之间有长条状毛发纹饰。

2016JDSM4：01，狮子站立于长方形台座上，前足直立，后足屈曲，头向右侧扭转，双目圆睁，嘴部已残，咧嘴露出上排牙齿，颈部挂铃铛，额上及头部两侧有卷毛，短尾卷于背后部。背中部有八棱形榫槽。

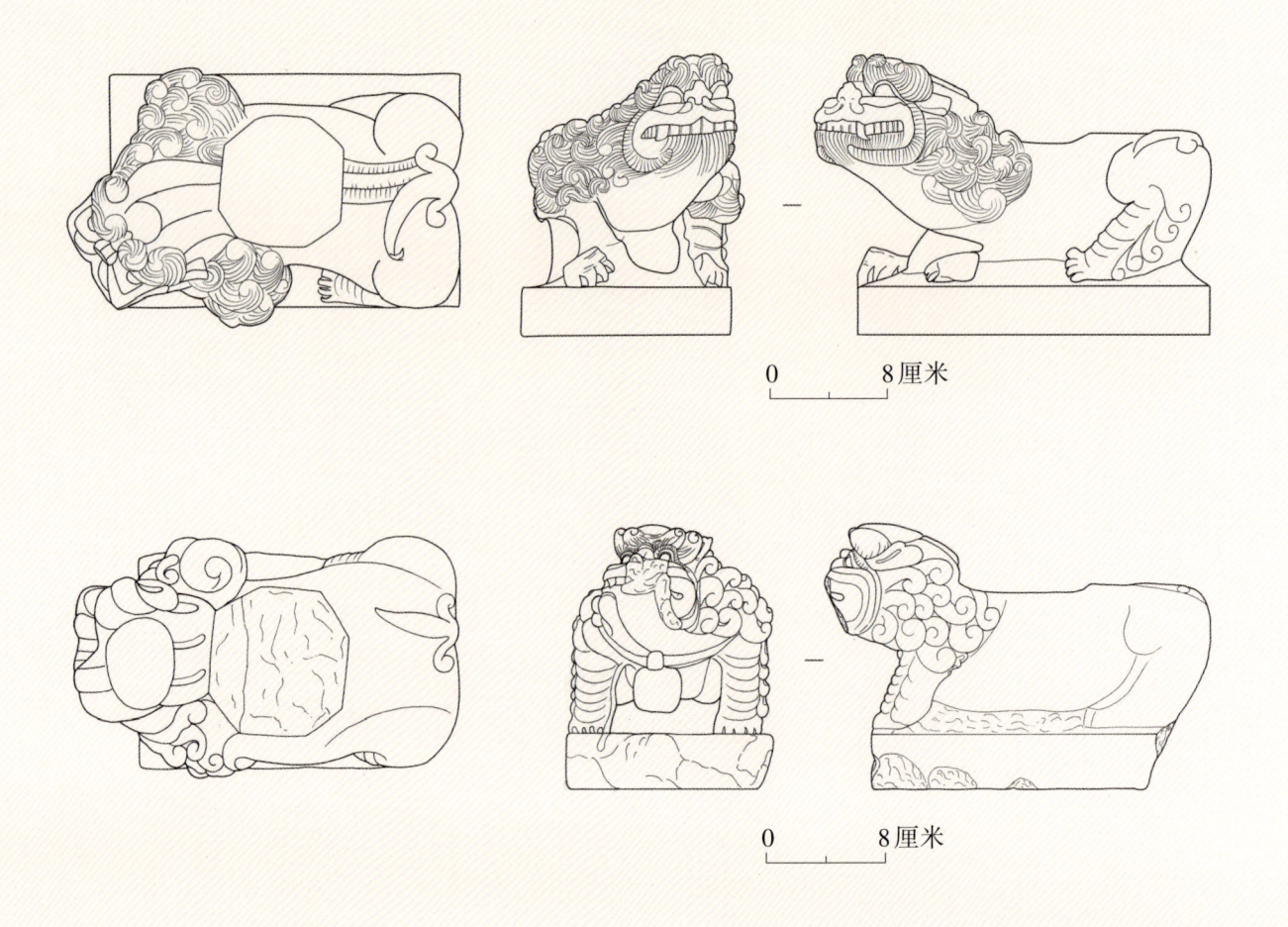

第三章　石刻造像

镇墓兽（2016JDSM4：02）

南宋

长72.6、宽39—48、高34.8厘米

兽俯卧于长方形台座上，头向左侧扭转，头双目圆睁，阔嘴，咧嘴露出上排牙齿，吻下有胡须，头顶及脸两侧有长条状鬃毛，鬃毛尾部卷曲，头顶中部阴刻有"王"字，尾巴贴于左后足旁，背部有弯曲的长条形凹槽。

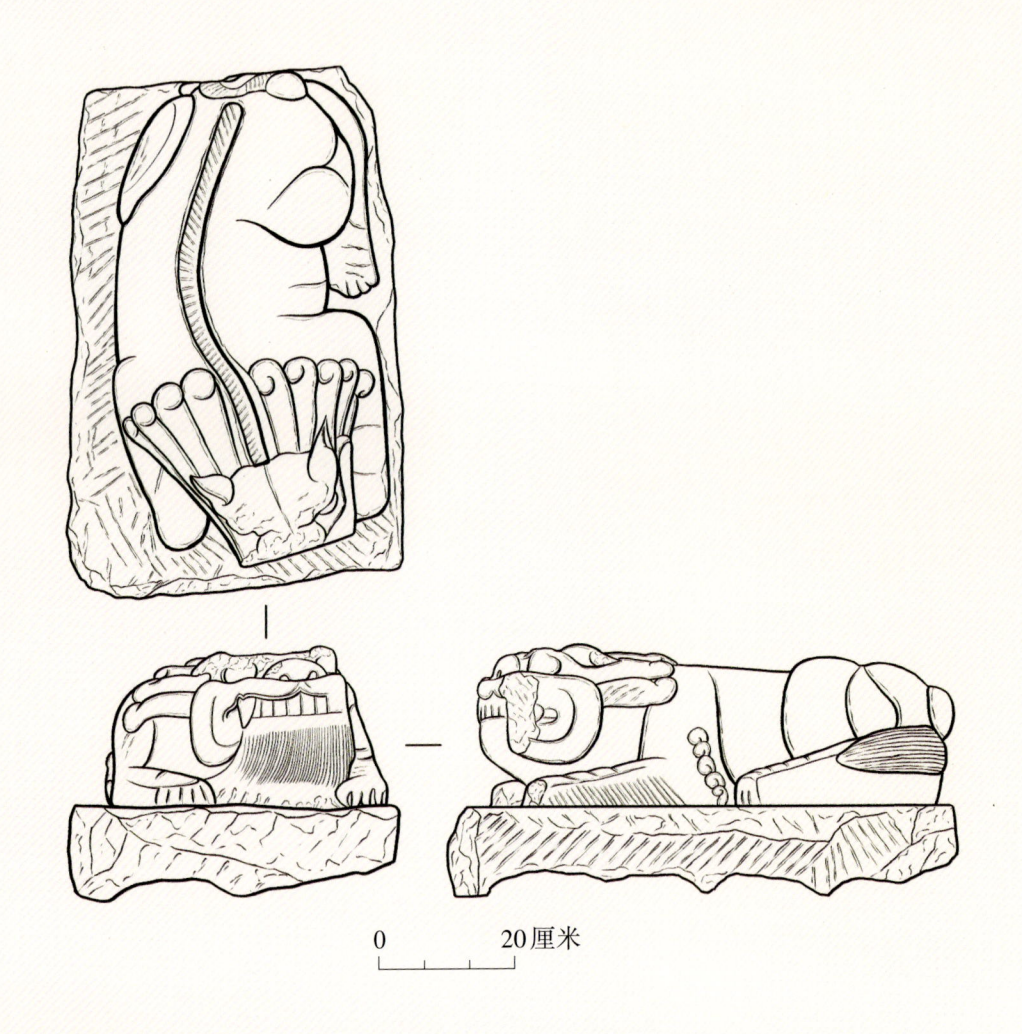

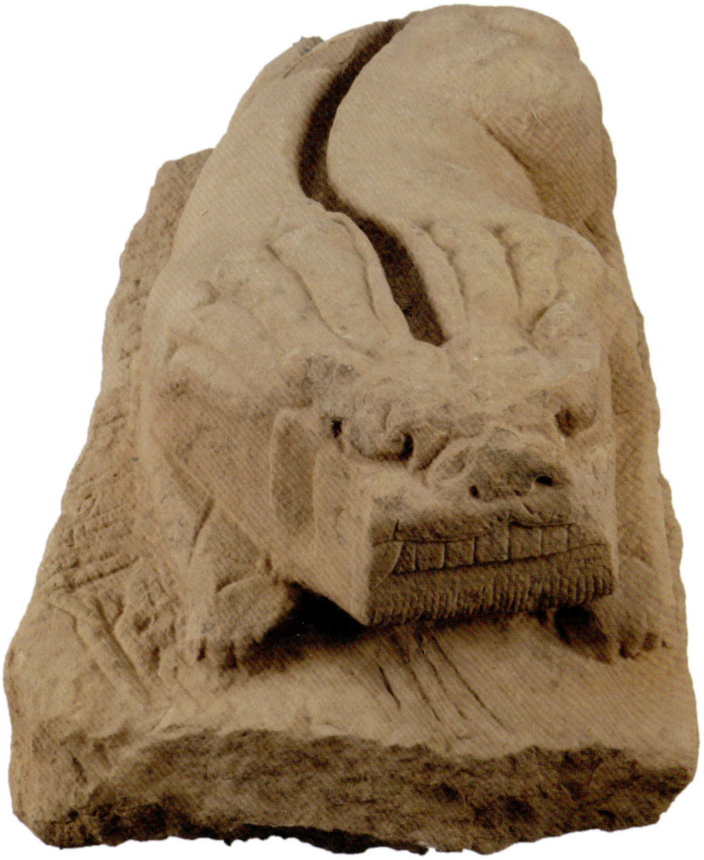

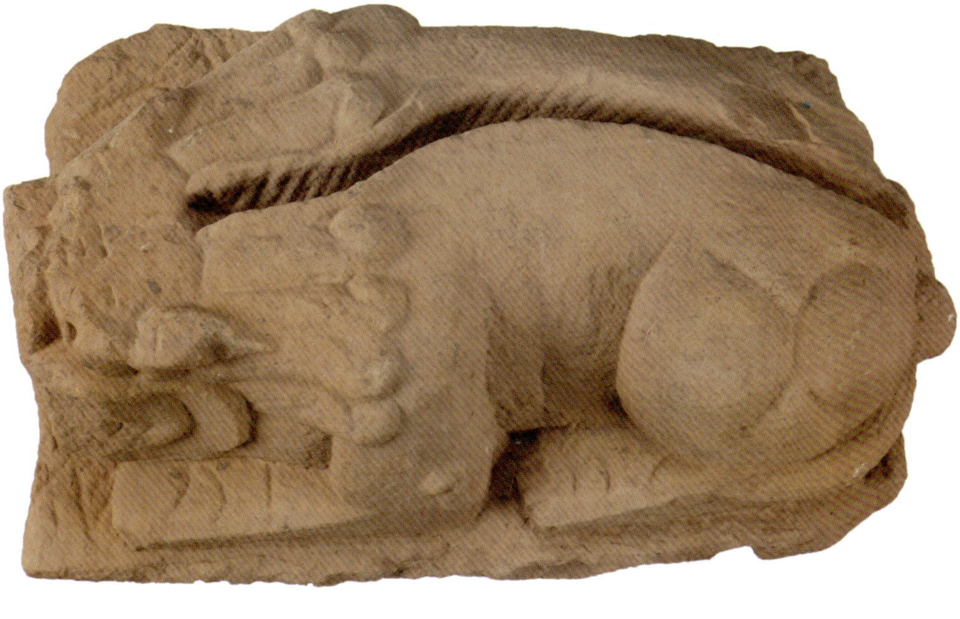

邑懷曾
脩築城垣鉉
人日諸子偕余至石佛寺遺址僅存石碣之
寅洞穴深
窈洞穴深邃也些彼郭若山
詳俙遊席迨習以谷風泠然善也
如畫蜓蜒
奇宇久頎

命
脩築城垣
牒於垣頭之畈纂修縣志凡諸
長注
坐俯視
石佛
迤石山
來山迴遞轉中結石佛寺石礩若山
帝以前紀其雋脩廷倡彼和
自有紀鹹表積石秦平七
上言黃石師而興劉奧腹
匪石不之而不足而來
失日歸不賢諸
石泶之石佛寺

第四章

碑刻题刻

碑刻题记是石窟寺考古研究中极其重要的组成部分，川渝地区石窟寺中见诸于文献的数量极少，往往都是一些大型的石窟点，即使对于这类石窟寺，文献中也是则要而记，不能全面反映石窟寺的历史信息，而对于大量的中、小型石窟寺而言，更是极其缺乏文字记载。因此，石窟寺中的碑刻题记就成为解读历史、透物见人的珍贵史料，其内容涉及历史、社会、文化、经济等诸多方面，包含造像开凿、造像题材、造像工匠以及与其相关联的寺院沿革、营建、管理制度、社会生活、僧众身份等。

石佛寺遗址出土和发现了40余块宋至明清时期的各类碑刻、题记，包括僧俗墓碑、造像记、记事碑、佛经等，极大地弥补了遗址在历史文献中的缺失，这些文字材料在复原石佛寺遗址的历史场景中起到关键的指引作用，特别是南宋时期碑刻，不仅在重构寺院沿革史中发挥了关键作用，而且还涉及到对寺院管理体系、试经制度、寺院经济等问题的解答和实证，因此具有十分重要的史料价值。

● 杜氏舍院基碑 ［2018JSSG4：16（正面）］

南宋

宽 0.53、厚 0.09、高 1.05 米

长方形，顶部两角抹角，残

第四章　碑刻題刻

杜氏捨院基碑

忘郎白
十方諸佛龍天八部羅漢聖
右佛弟子杜萁伏為女弟
石佛嚴累被□問聖占卜云是石下地夕
安無方得廛累被牛畜穢汙
古佛嚴告跪願捨與光□□□□無人隻獻但畫
心竪告跪疾願捨與光□眷屬康寧公私清吉二三
乞王氏柔疾旱校女緣眷屬康寧公私清吉二三
時中伙□□恭請
大覺評知謹□□□恭請
□□□丙寅典□□
□佛□□
子杜世典同政王氏一家等
典十一年九月九日奉
任山僧
懐□立石　　　　　疏

碑基院捨氏杜

一心仰白

十方諸佛　龍天八部　羅漢聖……

右佛弟子杜世興伏為女弟□王□……

安無方得瘥問聖占卜云是□下地名

古佛嚴累被牛畜穢汙□無人焚獻但世興

心竪告疏願捨與光□一請就彼修造永遠焚獻

乞王氏氣疾早獲安樂眷屬康寧公私清吉二六……

時中伏　聖加偹恭請

大覺印知謹□

丙寅紹興十六年九月九日奉

佛弟子杜世興同政王氏一家等疏

丙……住山僧悟果立石

● **祝圣寿长明灯碑**［2018JSSG4：16（背面）］

南宋

宽0.53、厚0.09、高1.05米

长方形，顶部两角抹角，残

祝聖壽長明燈碑

(碑文殘泐,不能盡識)

祝聖壽長明燈碑

觀音院僧曉成同小師行滿等所將自出家
已來齋□施資共玖佰柒十五貫置到
歸停鄉戶馮寅仲父子号名白土塋朱九四
住宅園圓□一契係朱九四等佃食已□
官投印契赤□託今來師資商議將上
佛田土立碑捨在本院永充
聖山會諸佛菩薩殿前長明香灯□為
今上皇帝祝嚴聖壽無疆者仰遞代
知事僧資當至誠□□所有田土
轉移若違此願龍天□童生……
王法墮三惡道今□願□□知……
立碑招收向上田畝歸本院……
紹定元年……知事僧曉成小師行滿用……

本院僧行暗念蓮經轉法輪碑

僧行通俗姓猶下壩人事自庚寅年念經癸巳得出家至乙未……

僧嗣祖於乙未年試經訖父李潮母胡氏大娘子 係龜停鄉李□……

行者何仲原自甲午年念經至乙未年試訖父何世新母杜氏□……

移風鄉靈灘上人童子彭文寶念得六卷父彭明一母周氏鑑……

僧行椿俗姓王在郭人事丙申年十一歲念經己亥年十四歲試畢……

本院成监寺舍无尽度僧库本愿意碑（2018JSSF8：1）

南宋

宽0.7、厚0.1、高0.91米

长方形，残

石佛寺遺珍

意願本庫僧及盡無捨寺監成院本

錢收買到甚字號絞帛度牒可令同赴僧堂□飯每年常任國太歲甲午端平元年五月十五日敕賜龍重慶府江津縣觀音院名係未度帳行者其乙未本府□書填院前住持僧住專用供饍念經童行廬絳佛種燈會念經無窮若有出家人事父其五戒守護威儀眾人隆體例集僧佛依各自教行者若一部蓮經同酬代若破戒者墮三惡道王法所執死墮地獄然後依西州試僧念經典置簿在本院頓放邨逕本院列名頓放上件所出家人仍其不得將件各錢紹定三年為首若度僧合上件土主菩薩頓證知諸佛菩薩證知□佛一切人不依此願共安法輪常轉次渡身康徒壽年令未父子商量不通合張逐情頓捨在本院師主□龍天洞鑒謹白有破壞者今受十五果報伏靖丑紹定二年九月得手下度到小師齋壹人所付手下襄貲

本院成監寺捨無盡度僧庫本願意

觀音院僧曉成照得年老手下度到小師行滿壹人所有手下囊資……
今來父子商量不通分張遂情願捨在本院師主悟果處置□□
佛惠命以祈 國泰民安 法輪常轉次奠膳色身康健壽年……
并一切人不依此願妄有破壞者令受十惡果報伏請
諸佛菩薩證知 龍天洞鑒謹白 己丑紹定二年九月□……
右悟果既領上件所捨度牒先請
土主菩薩為證即為買田年收谷斛置簿在本院頓放仰遞代
本院刊名於度僧碑上□庚寅紹定三年為首若度僧谷斛錢
失所捨之願仍不得將□件谷錢典借與人並私自互用若同
王法死墮地獄其出家人衆僧各自教行者暗念一部蓮經不□
持此五戒然後依西州試經體例會集比試若念得合格者當与……
五戒守護威儀庶使紹隆□佛種燈續無窮若破戒者墮三惡道
住專用供饍念經童子庶幾累世有念經僧所有出家之人書□
重慶府江津縣觀音院未係帳行者某乙本貫本府人事父某……
錢收買到甚字号控名綾㫋度牒一道赴本府書填投禮本院
太歲甲午端平元年五月十五日敕賜觀音院前住持僧……
念經行者若無緣做僧可令同赴僧堂粥飯每年常住與

● 放生园碑 (2018JSSTS08E09③：5)

南宋

残宽0.86、厚0.13、高1.00米

不规则形，残

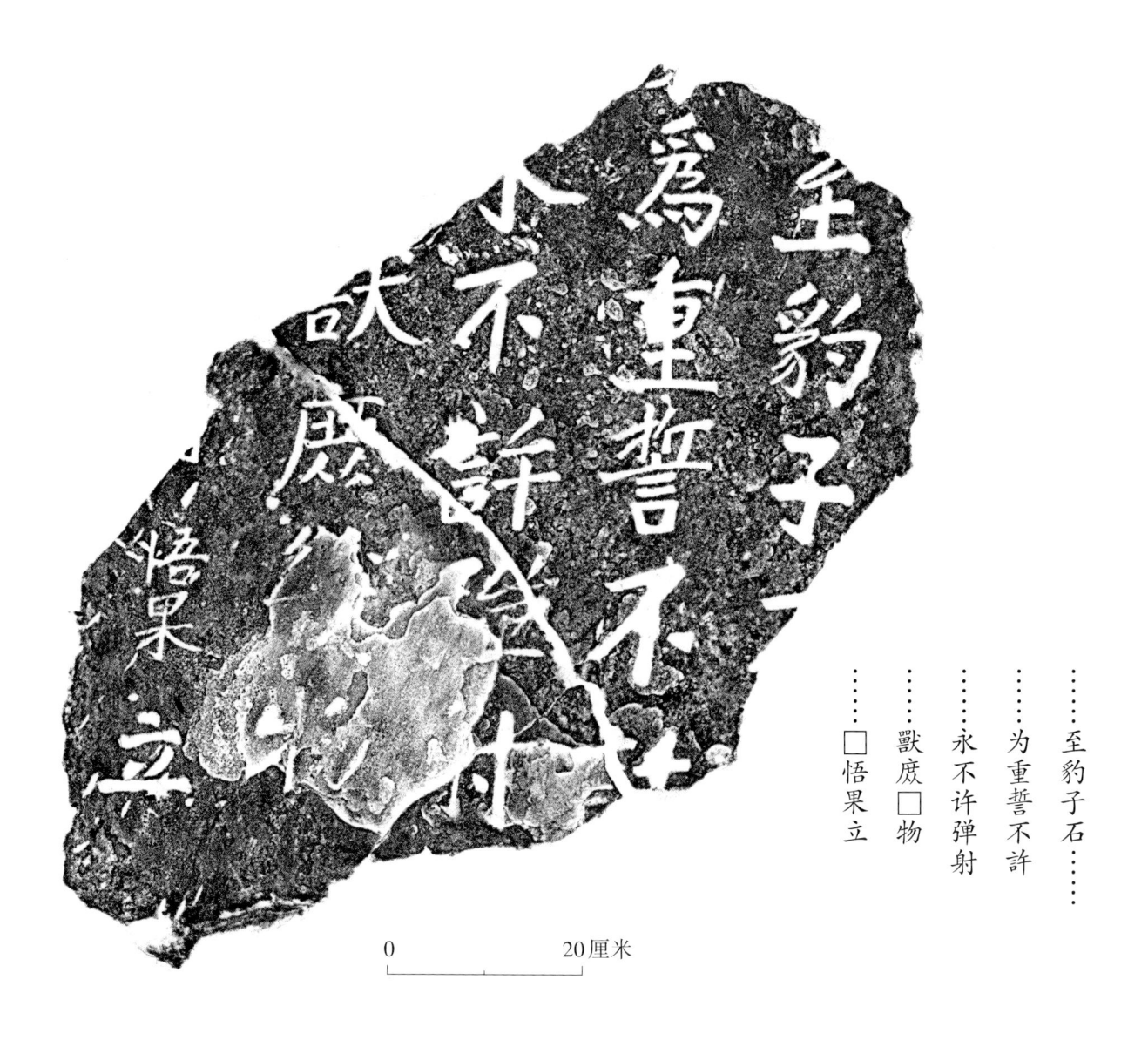

……至豹子石……
……为重誓不許
……永不許弹射
……獸庶□物
□悟果立

● 放生园摩崖题刻（16号石摩崖题刻）

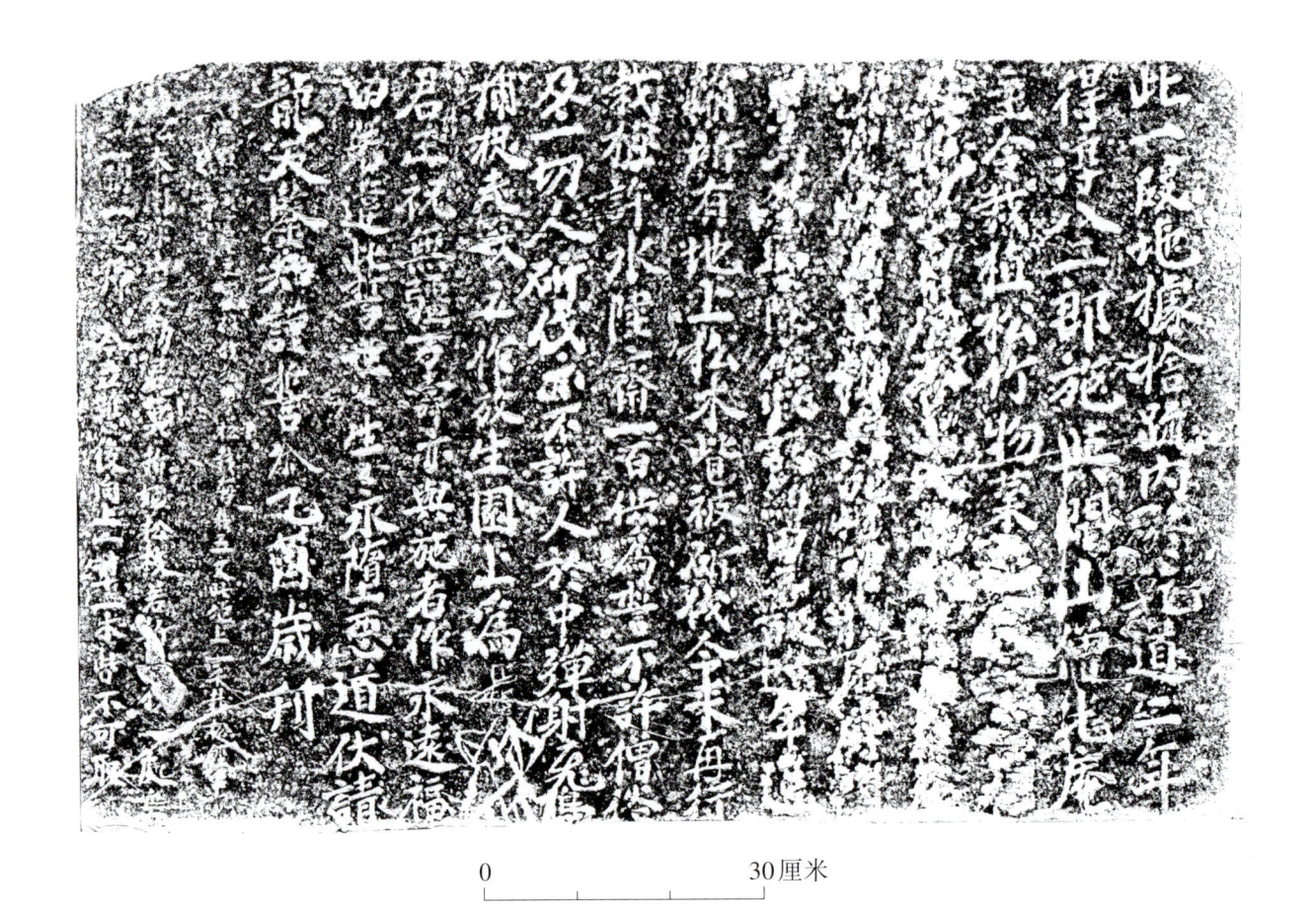

南宋

长1.30、宽0.80米

长方形

此一段地據捨□內於乾道二年
得淳八二郎施與開山僧光庵
□令栽植松竹物菜……
……
□為證……年□
□所有地上松木□被斫伐今來再行
栽植許水陸齊一百供為誓不許僧俗
及一切人斫伐亦不許人於中彈射飛鳥
捕捉走獸立作放生園上為
君主祝無疆万壽亦與施者作永遠福
田若違此誓世世生生永墮惡道伏請
龍天鑒知謹誓於乙酉歲刊
……每□五文此地上一千栽松徑□
本……折□松枝救若□□□一起
□□□今立誓後向上一草一木皆不可取

0　　　　　　20厘米

◎ 第四、五面（由右至左）

0　　　　　　20厘米

◎ 第六、七面（由右至左）

佛頂尊勝陀羅尼幢

□□□□蓮花殿金剛座上尊勝王爲滅七返傍生路□舒金手摩我頂灌□
吉祥□□□九十九億如來傳流通變化濟舍生故我發心恒讚誦如有眾生
薄福德聞此陁羅尼添福壽如有眾生大災難聞此陁羅尼灾消散如有眾生
造重業聞此陁羅尼罪消滅如有眾生遇惡病聞此陁羅尼病輕愈如有眾生
□命終聞此陁羅尼生淨土我令持誦此真言□願如來常救護
那謨簿伽跋帝啼隸路迦鉢羅底毗失瑟吒耶勃陁耶薄伽跋帝怛姪他唵毗
輸馱耶娑摩三漫多縛婆破羅拏揭帝伽訶那婆婆縛秫地阿鼻詵者蘇
揭多伐折那阿蜜□多毗洒屬阿訶羅阿瑜散陀羅尼陀羅尼輸馱耶
輸馱耶毗提烏瑟尼沙毗逝耶秫提娑訶羅阿瑜珊珠地帝薩婆怛
他揭多地瑟吒那慕婆折囉迦耶僧訶多那秫提薩婆伐囉
拏毗秫提鉢囉底你伐怛耶阿喻秫提薩末耶遏地瑟耻帝末你怛達多
部多俱胝跋唎跋提毗薩普吒勃地秫提耶毗社耶毗薩末囉薩
末囉勃陁遏地瑟耻多秫提跋鞞跋折蘭婆伐都摩摩□子受
持薩婆薩埵寫伽耶毗秫提薩婆揭帝跋唎秫提三摩失婆娑
遏地瑟耻帝勃地勃地蒲陁耶蒲陁耶三漫多跋唎秫提薩婆怛他揭多地瑟

咤那遏地瑟耻帝摩訶□姪□娑婆訶
□弟子董林同妻陸氏三九娘伏爲本家□降厄難遞受□□□□□累見不律□机弱
父積□□及複商寫母親何氏小□男董□喜新婦向氏□氏女夫文□次女□媳□□
孫男□□□孫女□同發心捨□□□□寶□永嚴勝地以用追薦故□父董□聰婆□四媳□□
何□外婆□□外父陸士郎外母李氏□董小□夫□小二郎弟董植董椿弟媳周氏妹董□□必
……各頭仗此殊爲轉隆□地奠見□□各護清休者
弟子□□周□氏妲伏□男□□音德拔□□□□□……
……外母白氏□□女□王□女□男董□活□□……
……同妻向氏□□悟淨□□□□□孫仰□滅□
□初各保萬年同伸……
王□韓老道常同發心建此□祈□男曉璉女到□消除悟言……
大死……同伸□□女□所奠住……
尚□□□□同□男□女同……在堂外父李……
……妲……增隆峙……乾道元年四月初二日□

● 4号龛下方摩崖题刻

宋代

宽0.33、高0.48米

长方形

……了……勾當小師僧清寶作頭何延福
……初一日命僧修齋表慶訖永鎮
……無災公私有慶時以元祐元年歲
……石燈輪一座永光聖祚乞願一
……舍錢就古龕
司……功同壽張氏六娘子洎

2号龛左壁摩崖题刻

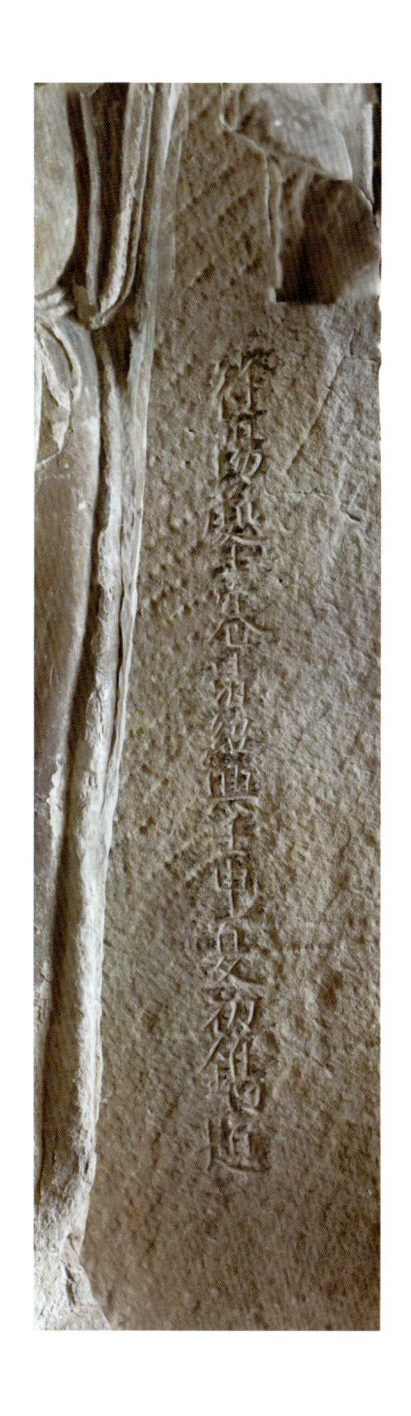

符陽處士寋清紹興壬申夏初鐫題

宋代

宽0.03、高0.48米

长方形

● 3号龛后壁摩崖题刻

明代

宽27、高64厘米

碑顶雕覆莲叶形盖，碑身呈长方形，碑底为仰莲座，仰莲下又雕一支莲茎。

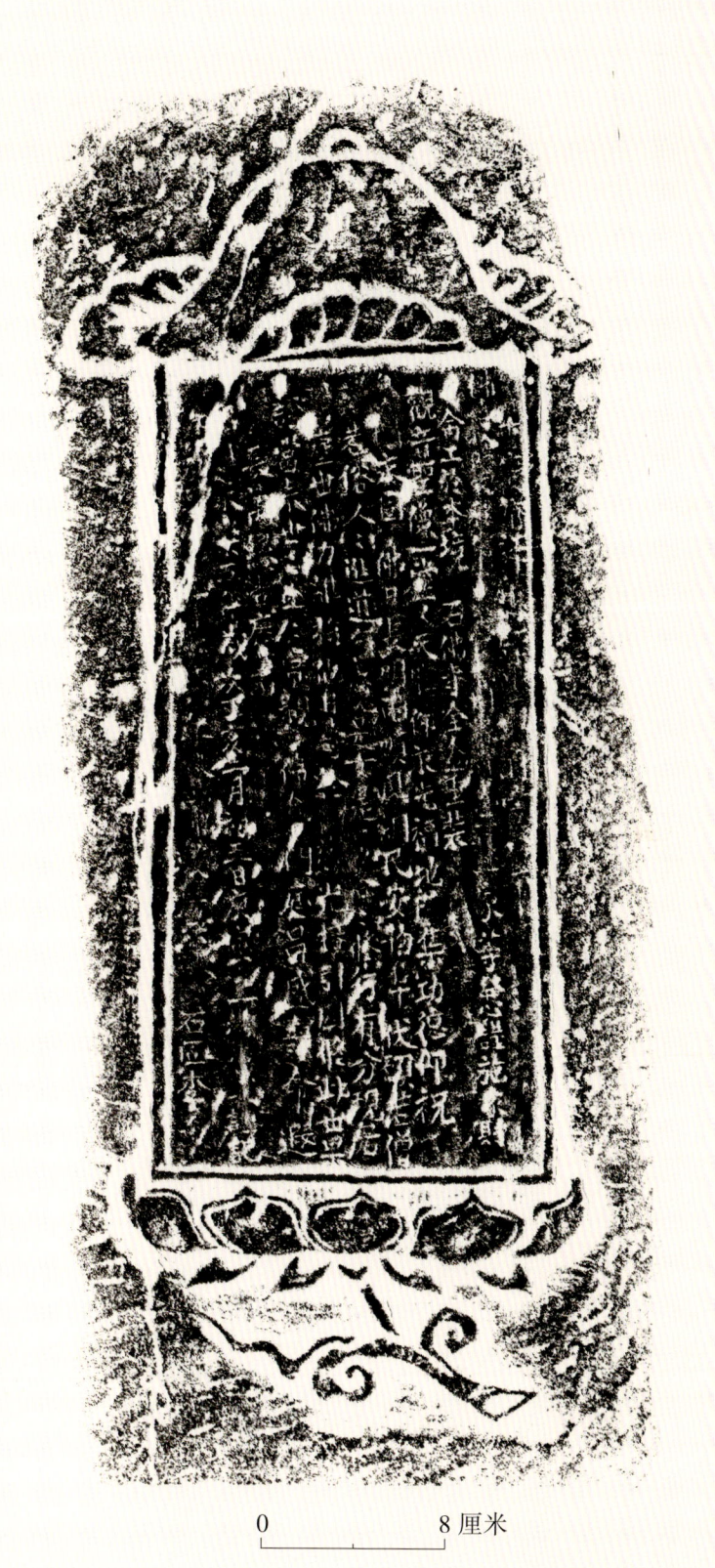

重慶府……一家等□謹施家財
佛……命工于本境石佛寺全金重裝
觀音聖像一堂人天瞻仰永光福地所集功德仰祝
□證永固佛日長明雨順風調民安物阜伏願若僧
若俗人人進道無魔是女是男各各修行有分現居
塵世佛力維持他日壽終慈光接引因修此世果
證當來世世生生常親佛會門庭昌盛壽命遐
長萬緣吉慶者
大明永樂五年歲次丁亥二月初五日庚寅上浣□□證記
石匠李□

●"游石佛寺四绝"摩崖题刻（1号石摩崖题刻）

明代

宽3.00、高0.8、进深0.04米

长方形

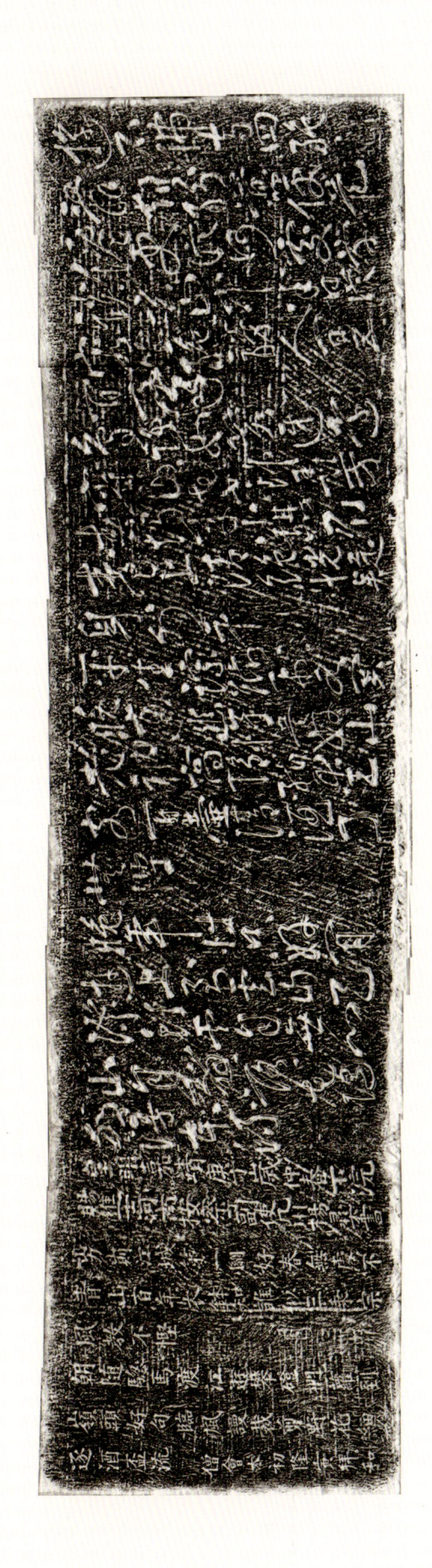

游石佛寺四絕

辭卻紛囂便是仙 更從何處學談玄 山中半日從容坐 絕勝人間五百年

鳥語如簧迓遠賓 山花如錦弄芳春 歸來小憩石臺上 清絕恍疑身外身

平生蹤跡系名關 老衲高隱孤愛山 適幽懷是好客 百壺清酒了無慳

晚年性只好閒 遊上至雲山天際 山自靜落花隨水漫東流

皇明嘉靖庚子歲仲春下浣
賜進士河南按察司副使几川楊篝書

勅前江城第一關 好春無處不青山 百年衣鉢知誰似 三乘宗

朝隨驄馬渡江遊 攀磴捫蘿到嶺頭 好句臨風漫裁剪 野花細逐酒盃流
僧會大初隆寅拜和

● "南无阿弥陀佛"碑（2018JSSTD2：6）

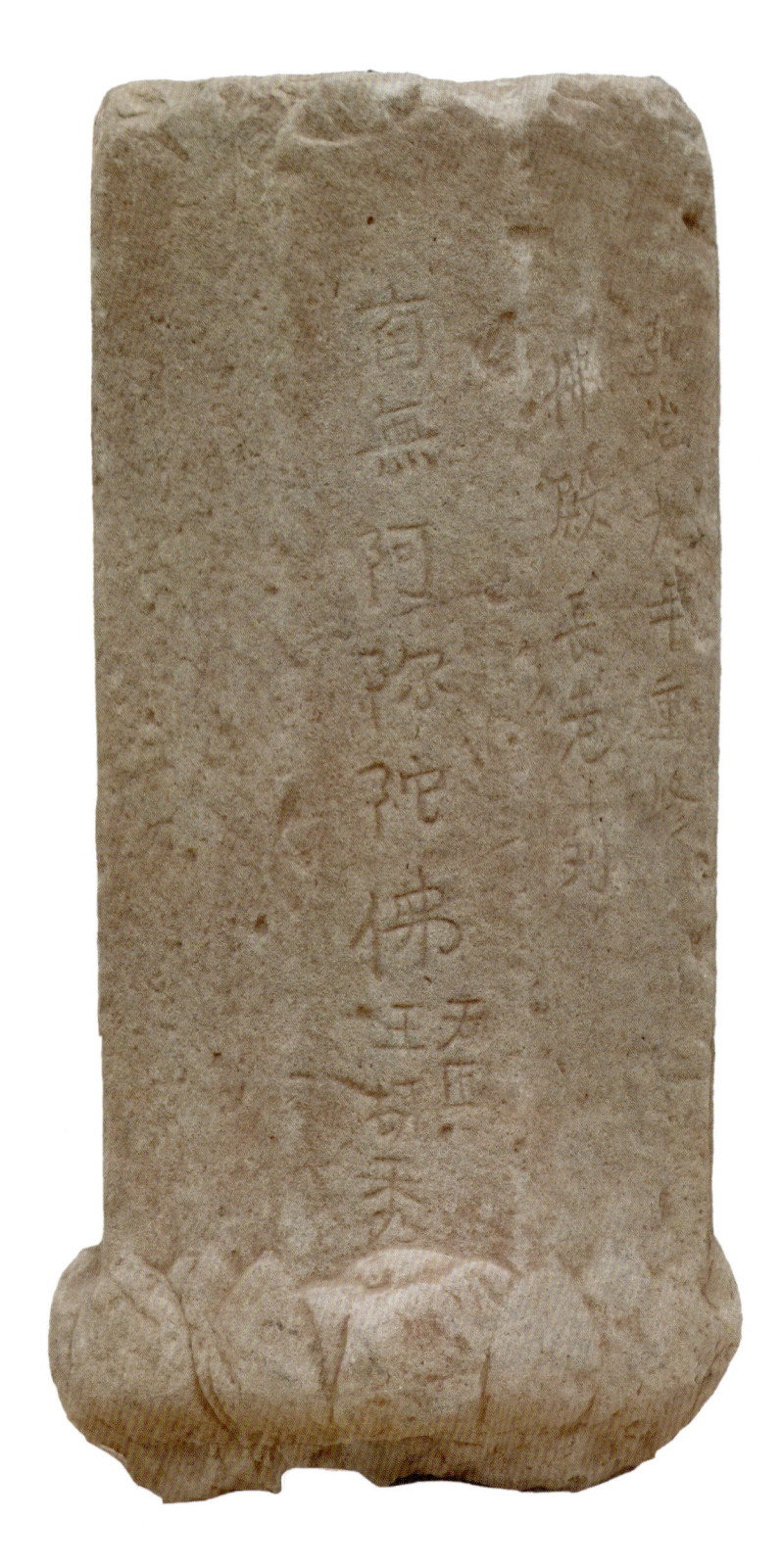

明代

棱边长0.09、宽0.27、高0.55米

八棱体

弘治九年重修

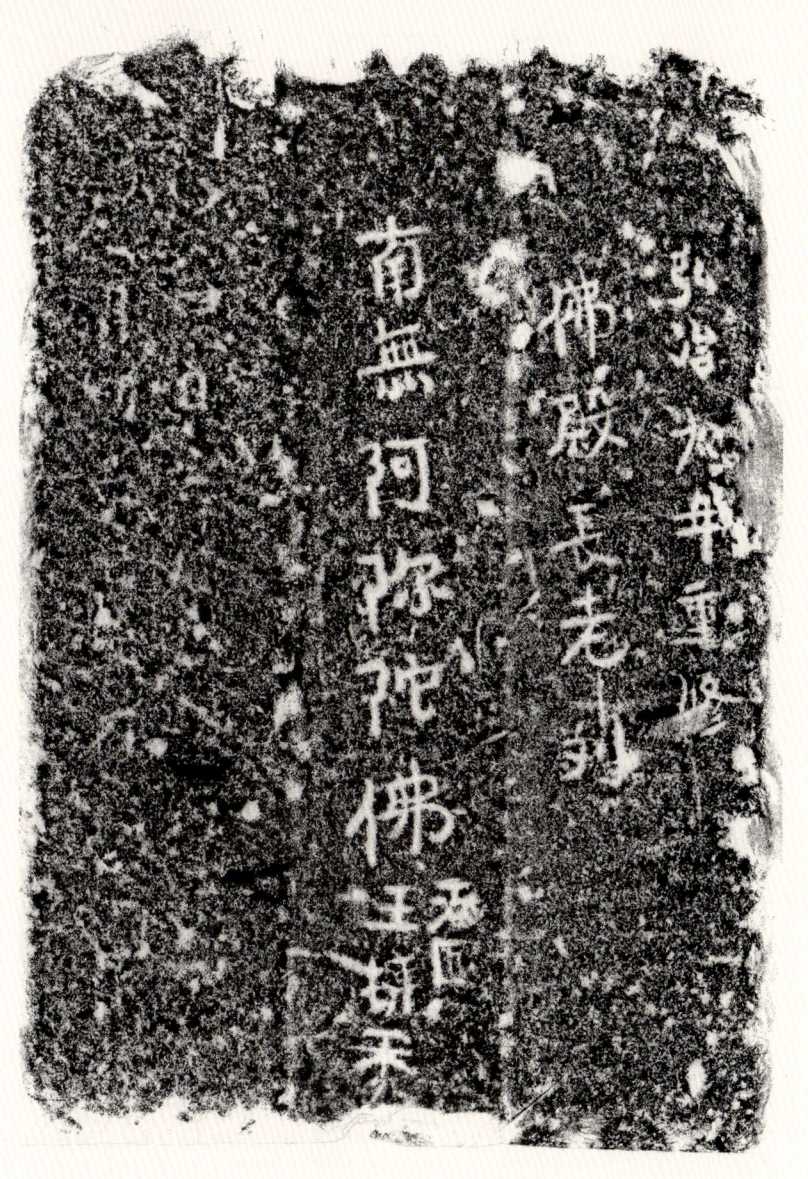

佛殿长老刊

南无阿弥陀佛　石匠

□日……　　　　王胡秀

● "……菴主舍利骨塔"碑（2018JSSF10：16）

不详

八棱体

棱边长 0.08—0.11、宽 0.24、高 0.41 米

……□人姪劉氏常州永慶
□受藥膳十七夏六旬壽
……年十一月初十□坐化
菴主舍利骨塔
行者李普□張法志等謹記

二三四

● **圆寂明公和尚之塔碑**（2018JSSTS04E11①：12）

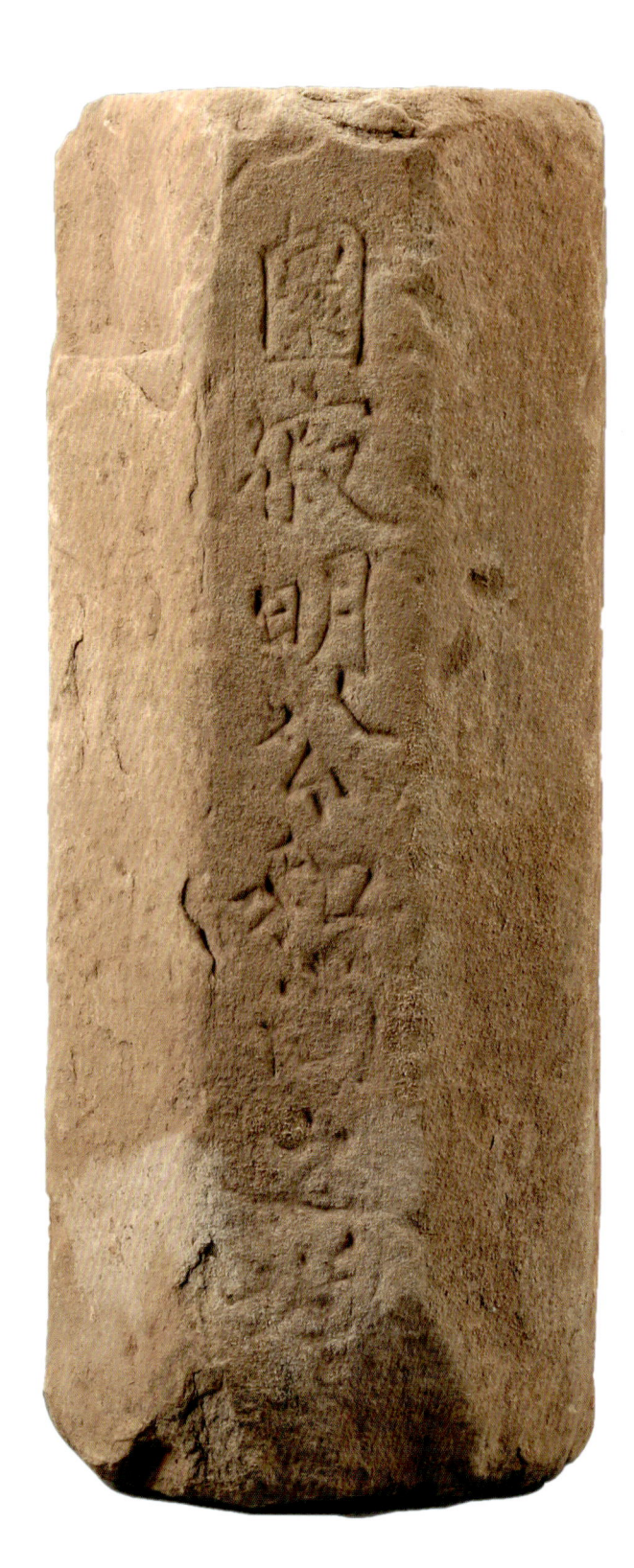

不详
棱边长 0.08、宽 0.20、
高 0.48 米
八棱体

第四章 碑刻题刻 — 241 —

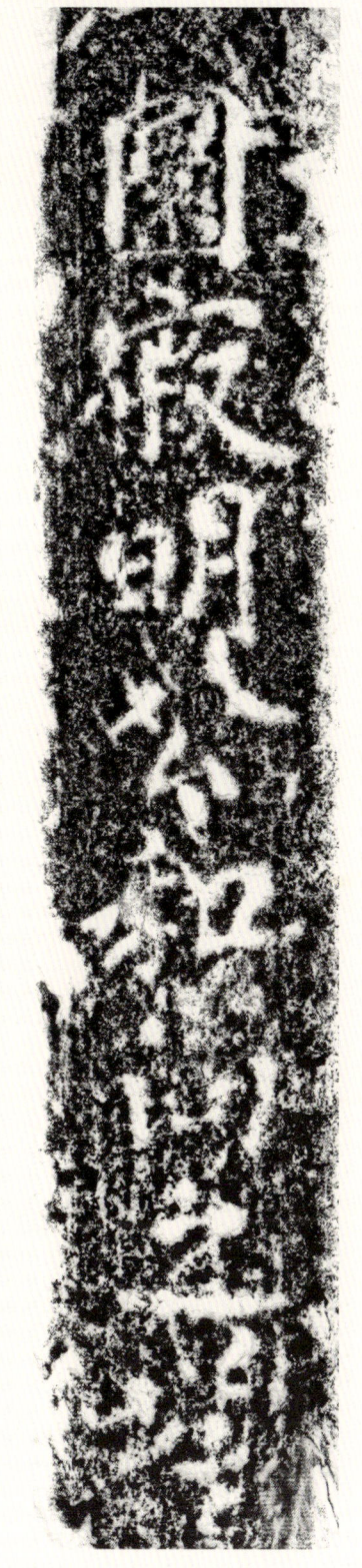

圜寂明公和尚之塔

● **宋故康氏之墓碑**（2016JDSM4：03）

◎ 正中

宋代

棱长 0.11、宽 0.28、高 0.59 米

碑体呈八棱形，基座下部为方形，上部雕为仰莲瓣。

山長男尾仲庚記耳丙子
歲四月初七日庚寅立石

◎ 右侧

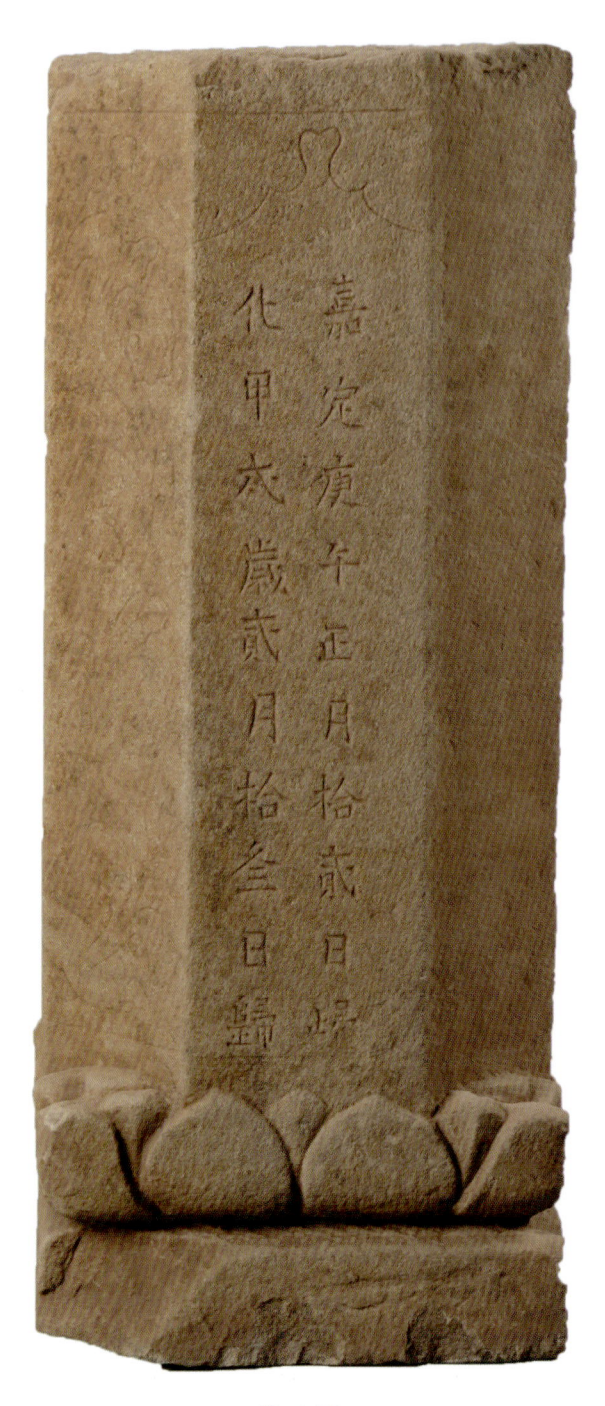

嘉定庚午正月拾貳日埽
化甲太歲貳月拾叁日歸

◎ 左側

嘉定庚午正月拾貳日歸
化甲戌歲貳月拾叁日歸

宋故康氏之墓

山長男扈仲庚記耳丙子
歲四月初七日庚寅立石

命邑
脩候
築曾
城垣
⋯⋯於
寅人旦俎
窈洞諸顗
詳倦穴子之
如遊深僧暇
書席⋯⋯余篆
寺蜓⋯⋯至脩
宇蜒佁石場
久頠習佛縣
⋯⋯七寺志
⋯⋯谷遺凡
⋯⋯風址諸
而⋯⋯冷僅石
坐俯然存⋯⋯
米廻視善⋯⋯
山遠長也⋯⋯
自轉江⋯⋯
早帶以中如跳
已有前結夢城⋯⋯
日上紀降石佛⋯⋯
言黃其而佛寺郡⋯⋯
⋯⋯匪石國王眾郍枕若⋯⋯
失之師祚積倡和山⋯⋯
曰歸⋯⋯而興石彼尚⋯⋯
⋯⋯⋯⋯石不劉相唯⋯⋯
⋯⋯賢佛足奐奏⋯⋯
諸寺而與⋯⋯平⋯⋯
末⋯⋯⋯⋯

0　　　　　20厘米

邑候 曾夫子……

命脩築城垣能於煩劇之暇纂修縣志凡諸

寅人曰諸子偕余至石佛寺遺址僅存石……

窃洞穴深邃習□谷風冷然善也徘徊久之

譁倦遊席地而坐俯視長江如帶城郭若礪

如畫蜓蚰□来山廻巒轉中結石佛寺枕山

寺宇久頹□□旦平共謀脩建此倡彼和出

……自有紀其盛者衆相唯□

……帝以前降而王積石奏平……

……□上黃石師而興劉魚腹……

……日言之而不足而未……

……匪石茲之石佛寺……

失曰歸而質諸……

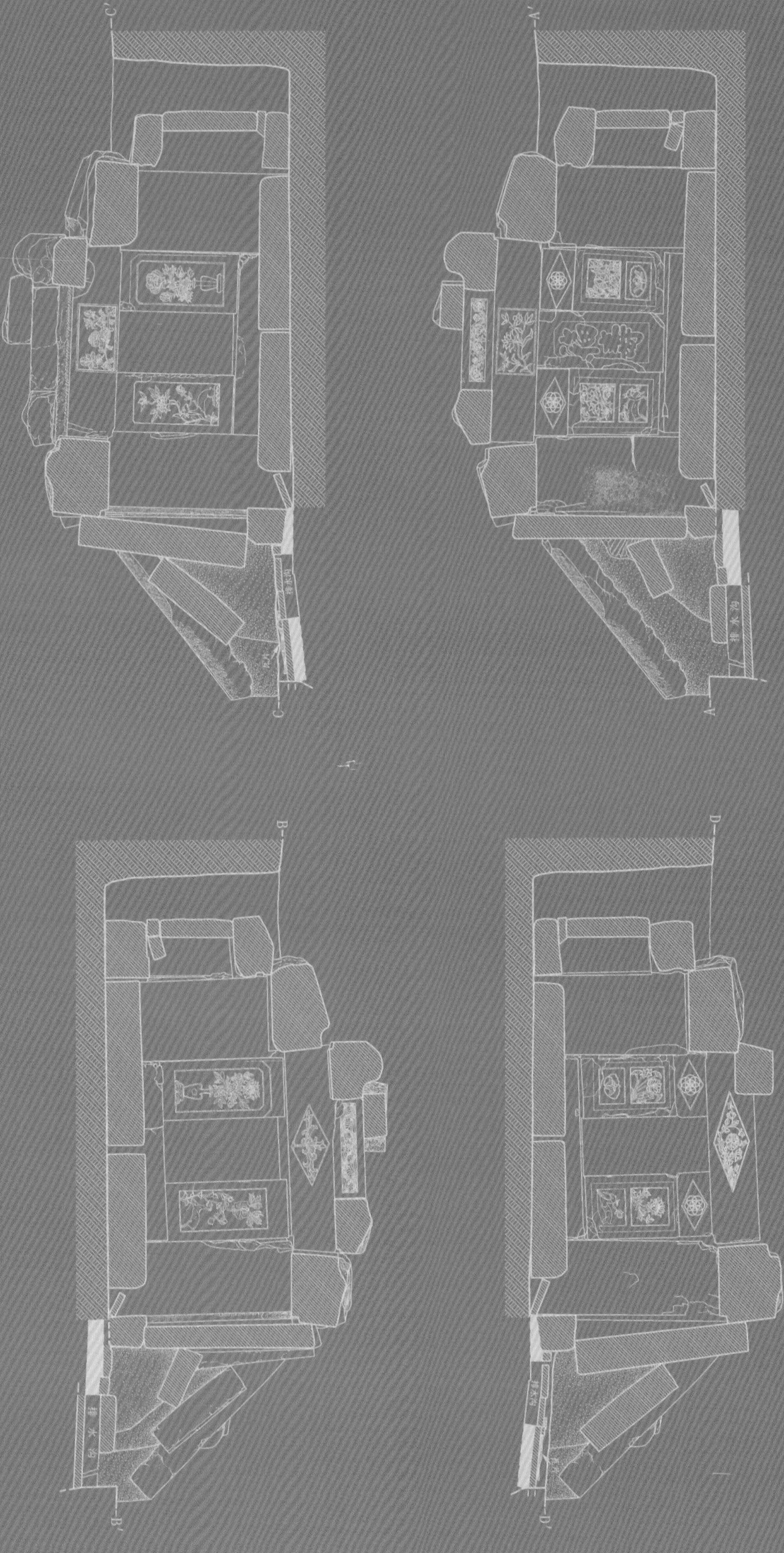

第五章

僧俗墓葬

墓葬区位于遗址东北部一块面朝长江的台地上，距建筑基址区约50米，分布面积约2500平方米，发掘总面积为625平方米，共清理南宋、明代墓葬10座。其中南宋墓葬集中于发掘区的西部，明代墓葬则分布于发掘区的东南部和西北部。

南宋时期是石佛寺遗址最为兴盛的一个时期，墓葬区发现的南宋墓葬是与这一历史阶段相契合的，虽然在墓葬中未发现与佛教直接相关的遗物或图像，但是这批墓葬距离寺庙如此之近，应与寺庙有较为密切的关系，可能为供养人或居士的墓葬。明代是石佛寺遗址发展的另外一个高峰时期，这一时期开辟了专门的僧人墓葬区，出现了僧人墓葬，包括高僧塔墓，它们是寺庙的重要组成部分，是反映法嗣传承、僧人世系和僧侣死后世界观的重要实证资料。

◎ 2017年墓葬发掘区的分区示意图

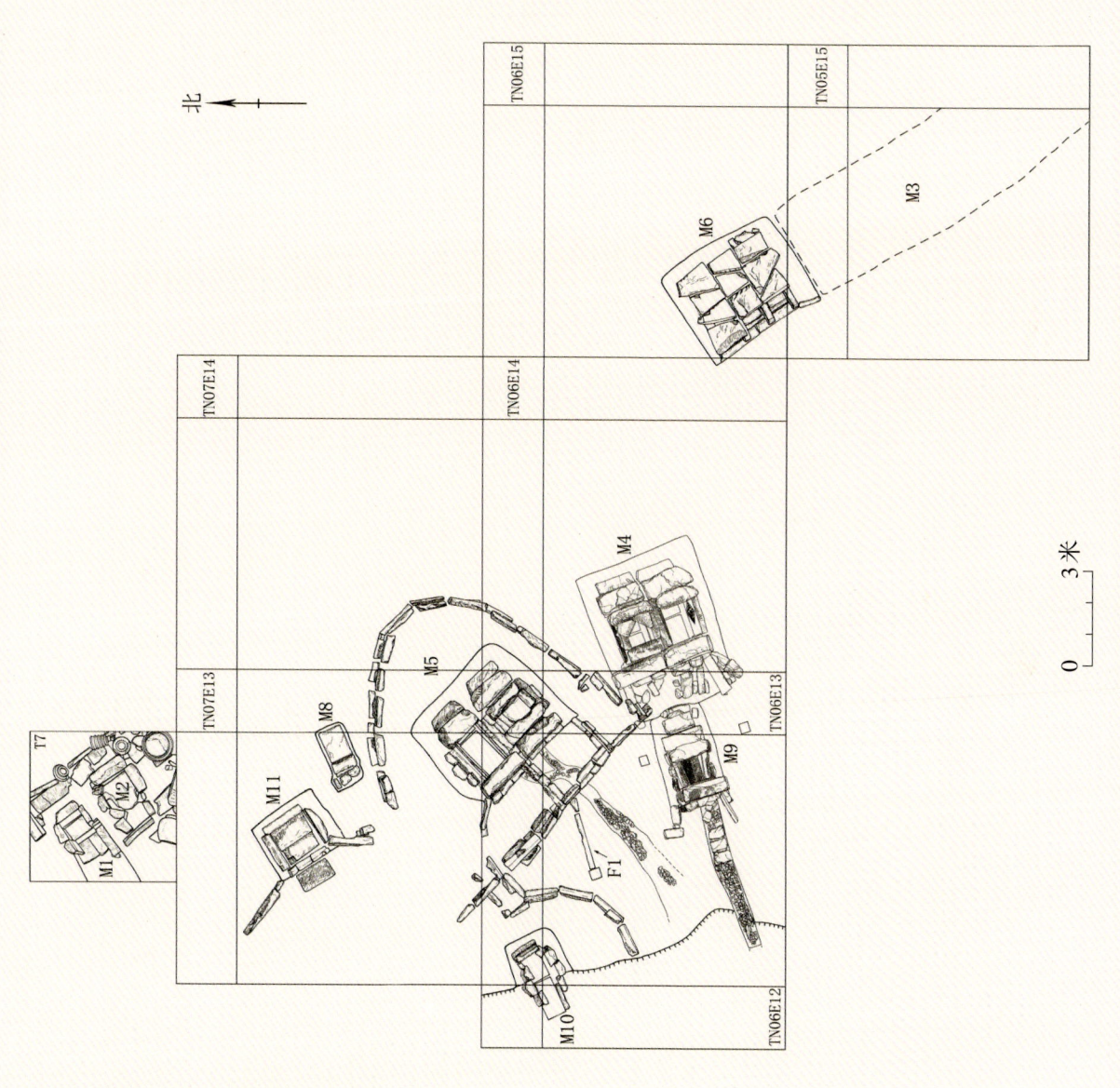

◎ 2017年墓葬发掘区的墓葬分布图

5号墓（2018JSSM5）

南宋

通长6.4、宽3.9—6.8、高1.4—2.1米

竖穴土圹双石室墓，由马蹄形封土石围、墓圹、墓道、墓门、墓室及排水沟构成，各墓室内由壁龛、后龛、藻井、棺床等组成，墓室内雕刻有仿木结构建筑、花卉、墓主人像、侍者等及"安乐"、"清闲"、"寿山"、"福海"等吉语。墓道前还发现有墓前小碑、镇墓兽等。

◎ 2016年试掘中的5号墓场景（封门开启前）

◎ 2017年发掘后的5号墓及其封土石围

第五章 僧俗墓葬 — 257 —

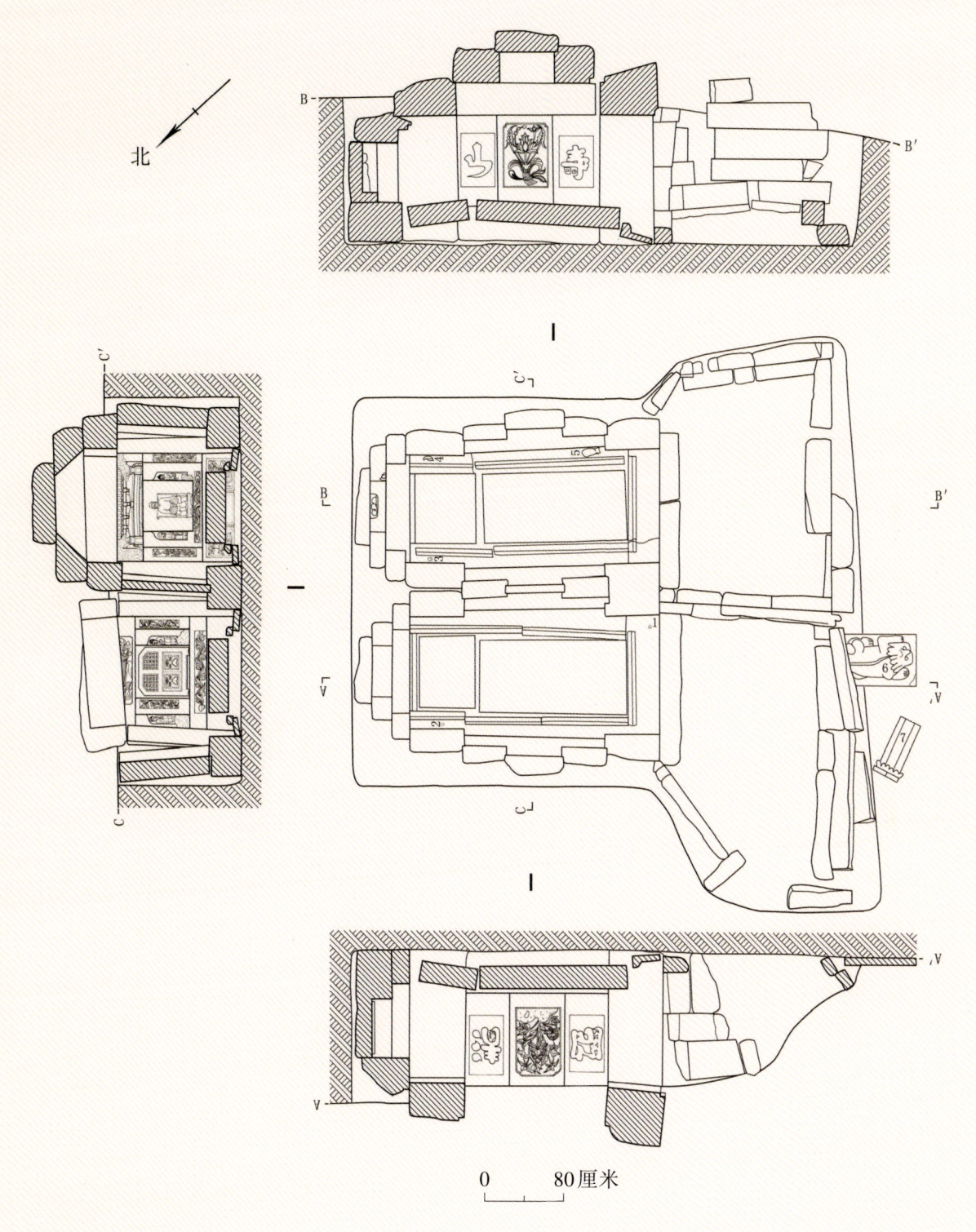

◎ 5号墓平面、剖视图
1.铜钱币 2.铜钱币 3.铜钱币 4.瓷盏 5.石狮 6.石兽 7.石碑

◎ 5号墓右墓室左壁雕刻

◎ 5号墓右墓室右壁雕刻

◎ 5号墓右墓室后壁雕刻

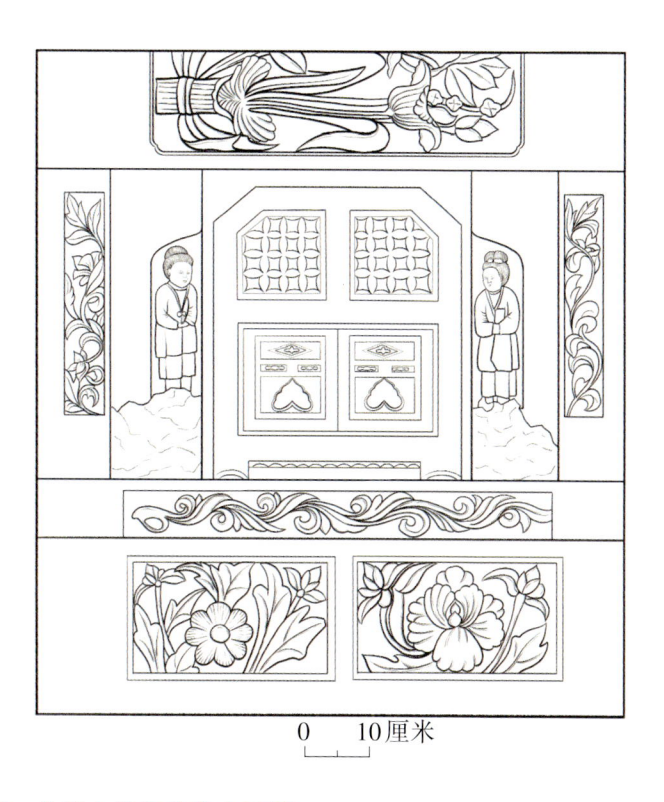

◎ 5号墓右墓室后壁立面图

◎ 5号墓左墓室右壁雕刻

◎ 5号墓左墓室左壁雕刻

◎ 5号墓左墓室后龛立面图

◎ 5号墓左墓室后龛墓主人像

4号墓（2018JSSM4）

南宋

通长5.0、宽3.9、高2.3米

竖穴土圹双石室墓，由墓门、墓室、墓道、排水沟、墓圹构成，各墓室内有两侧壁龛、后龛、藻井、棺床等组成，两墓室间还有穿道相连，墓室内雕刻有格子门、插屏花卉、折枝花卉、缠枝花卉、鹿衔花枝等图案及"福寿"等吉语。

◎ 4号墓墓门开启前

◎ 4号墓墓门开启后

第五章 僧俗墓葬 — 263 —

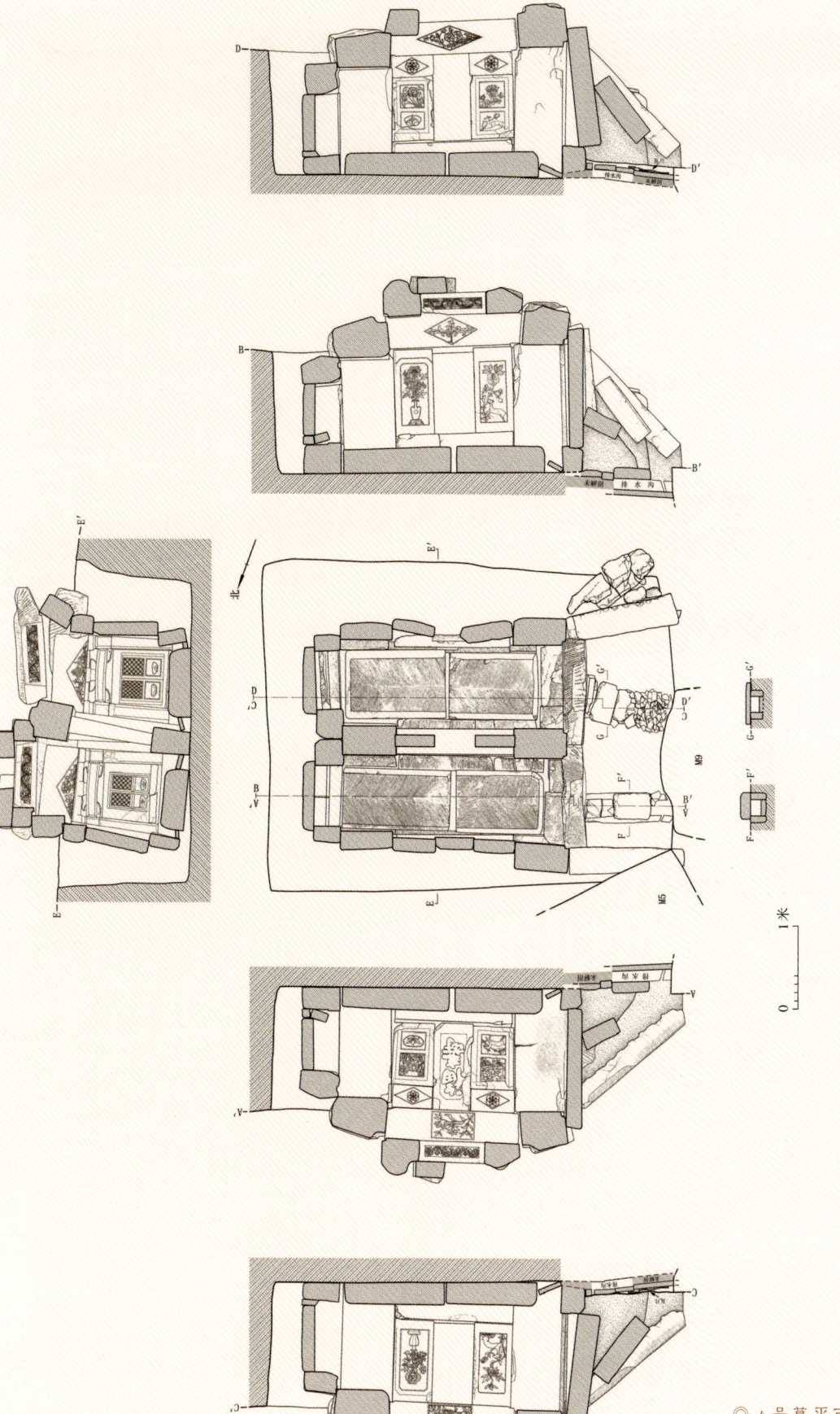

◎ 4号墓平面、剖视图

◎ 4号墓右室左龛后壁

◎ 4号墓右室左龛后壁立面图

◎ 4号墓左室右龛前壁

◎ 4号墓左室右龛前壁立面图

第五章　僧俗墓葬　　— 267 —

◎ 4号墓左室右龛后壁 　　　　　　　　　　◎ 4号墓左室右龛后壁立面图

◎ 4号墓左室左龛前壁 　　　　　　　　　　◎ 4号墓左室左龛前壁立面图

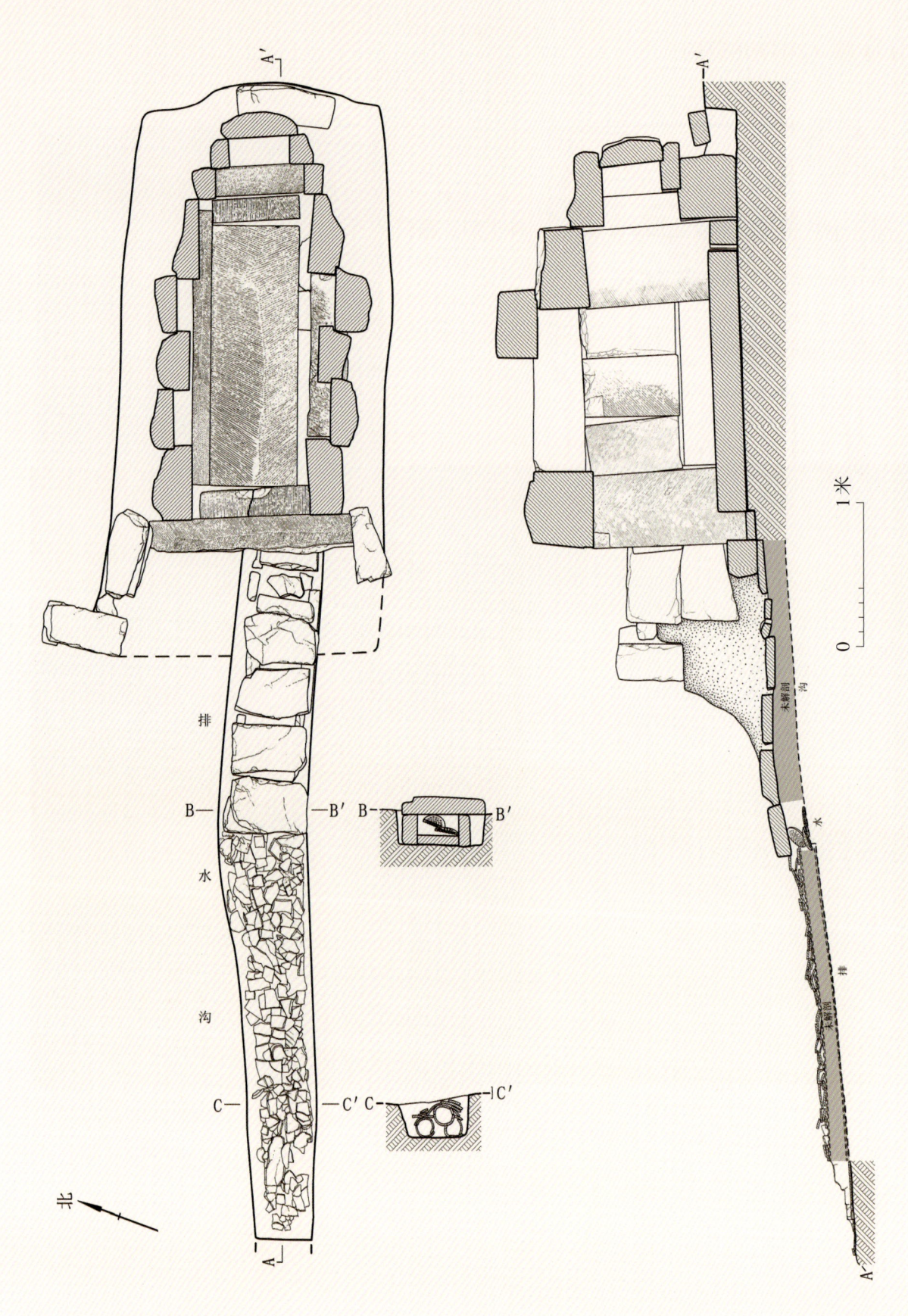

◎ 9号墓平面、剖视图

2号墓（2018JSSM2）

明代

长2.6、宽2.1、残深1.54米

竖穴土圹石室墓，平面呈八边形，由墓门、甬道和墓室组成，墓室壁的每块石板上均雕刻有图案或文字，墓室中后壁雕刻有牌位，其中部题刻有"示寂僧□胜公一天和尚舍利宝塔"，牌位下部由"禅床"承托；左右两后侧壁各有一尊阿弥陀佛接引像；右侧壁题刻有"常得无量乐"；左侧壁题刻有"我已入涅槃"；两前侧壁各雕刻有一扇隔扇。

◎ 高僧塔墓（右上为2号墓，右下为1号墓）

◎ 2号墓左后壁拓片 　　　　　　◎ 2号墓左后壁立面图

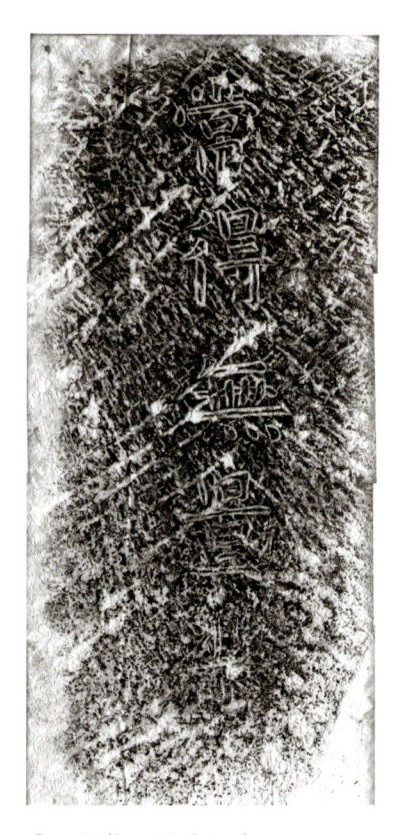

◎ 2号墓右侧壁拓片 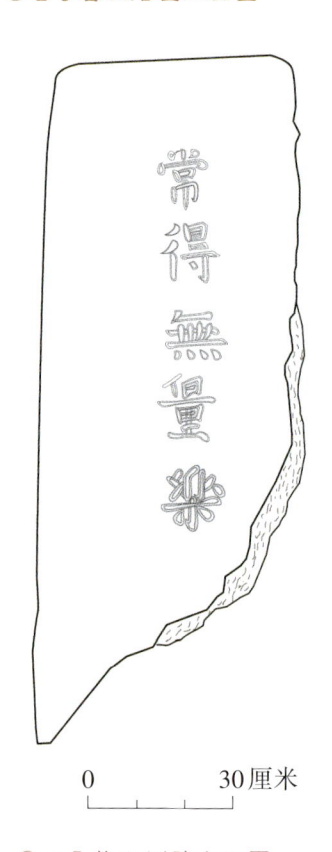　　　　　　◎ 2号墓右侧壁立面图

第五章 僧俗墓葬 — 275 —

◎ 2号墓左侧壁拓片

◎ 2号墓左侧壁立面图

◎ 2号墓右前侧壁拓片

◎ 2号墓右前侧壁立面图

后记

江津石佛寺遗址是近年来川渝地区石窟寺考古中最为重要的发现，对于全面理解石窟寺的整体布局、地面造像与地下遗迹的关系等方面具有重要价值，为开展川渝地区同类型石窟寺发掘提供了重要启示。《石佛寺遗珍》自2022年9月开始正式进入编辑阶段，至2024年3月全书编辑工作基本完成。

《石佛寺遗珍》的出版是重庆市文物考古研究院相关人员集体智慧的结晶。本图集由牛英彬、白九江、李大地主持纂写，线图由朱雪莲、侯文嫣绘制，拓片由韩继普、李双厚制作。照片拍摄主要由王铭完成，以及考古发掘期间其他发掘人员所拍摄。重庆市文物考古研究院学术委员会委员方刚、范鹏，重庆师范大学邹后曦教授提出了宝贵的意见。本书在写作过程中，还得到了江津区文物管理所的大力支持。重庆出版集团吴昊编辑对本书的编排付出了辛勤劳动。在此特向上述单位和个人，表达诚挚的谢意。同时，希望本书的出版能为推动川渝石窟寺的研究提供参考和借鉴作用。

编　者

2024年11月